KB185422

감정사용설명서

지은이 롤프 메르클레·도리스 블프 Rolf Merkle·Doris Wolf

경험이 풍부한 부부 심리치료사인 저자들은 심리치료실을 운영하는 한편, 공동으로 설립한 PAL 출판사를 통해 많은 심리 실용서를 출간하고 있다. 독자들의 심리문제를 해결해주기 위해 세운 이 출판사는 이름부터가 '임상경험이 풍부한 심리치료사들이 직접 쓴 실전 그대로의 생활심리학을 출간한다'는 뜻을 담고 있다.

많은 환자들을 접하는 동안, 자신의 지식과 경험으로 더 많은 사람들에게 도움을 주고자 책을 쓰게 되었고, 매일같이 심리치료실에서 환자들에게 제공하는 방법과 조언을 책 속에 담아내어 좋은 반응을 얻었다. 인지 행동치료를 바탕으로 이해하기 쉽게 쓴 심리조언서인 《감정사용설명서》는 10개국 언어로 번역되어 100만 명이 넘는 독자들이 읽었고, 의사, 병원, 상담소와 심리치료사들의 추천으로 많은 사람들의 치료에 활용되고 있다. 국내에는 《나는 왜 나를 사랑하지 못할까》, 《내 어깨 위 죄책감》 등이 출간되어 있다.

SELF-HELP

EMOTIONS

GUILT

MINDSET

RELATIONSHIPS

부정적 감정을 다스리는 치유의 심리학

감정사용설명서

롤프 메르클레·도리스 볼프 지음 | 유영미 옮김

생각의날개

한국어판 출간 15주년을 맞이하며

때로 부정적인 감정으로 인해 힘이 드는가? 안심하라. 당신만 그런 게 아님을 확신해도 좋다. 인간들은 감정을 느낄 수 있는 능력을 가지고 태어났다. 하지만 감정을 어떻게 다루어야 하는지는 알지 못한다. 이런 지식은 스스로 습득하지 않으면 알 수 없기 때문이다.

때로 감정에 압도당하거나 무력하게 내맡겨져 있는 듯한 느낌이 들지도 모른다. 감정이 마치 내키는 대로 왔다가 가는 듯한 느낌이 들 수도 있다. 부정적인 감정은 곧잘 신체 증상으로도 나타난다. 또한 자연스럽게 자신의 태도와 주변 사람들에게도 영향을 미친다. 그러다 보니 부정적인 감정으로 말미암아 파트너나 주변 사람들에게 과민반응을 하는 경우도 많다.

우리는 심리치료사들로서 35년 넘게 감정으로 인해 힘들어하는 사람들을 도우며 살아왔다. 내담자들은 곧잘 이렇게 묻는다. "대체, 감정이 어떻게 생겨나는 건가요? 감정을 어떻게 다루어야 하나요?" 오랫동안 이런 질문을 받다 보니 각자 스스로 감정을 손쉽게 다룰 수 있도록 도와주는 조언서를 써야겠다는 생각이 들었다. 인지행동치료 전문가인 우리는 생각을 통해 감정을 조절할 수 있음을 알기 때문이다.

우리의 책이 오래전에 베스트셀러가 되고 여러 언어로 번역되어 세계 곳곳의 독자들이 스스로 자신의 감정을 다루게끔 도움을 주는 필독서로 자리매김했음을 기쁘게 생각한다.
특히나 한국어판 출간 15주년을 맞이하여 한국 독자들에게 그동안 우리에게 보내준 신뢰에 대해 진심어린 감사를 표하는 바이다.

또한 한국의 독자들에게 용기를 주고 싶다. 부정적이고 주눅 들게 하는 감정으로부터 벗어나 좋은 감정을 만들어낼 수 있는 능력이 당신 안에 이미 내재되어 있다. 그 열쇠는 바로 생각이다. 이 열쇠를 어떻게 사용할 수 있을지 이 책에서 알게 될 것이다.

친애하는 한국의 독자들이 이 책을 통해 힘을 얻어 즐겁고 건강하고 의욕 넘치는 삶으로 나아갈 수 있기를 간절히 바란다.

내 감정의 주인은 바로 나 자신

대부분의 사람들은 기분과 감정은 자신이 좌지우지할 수 있는 게 아니라고 생각한다. 그리고 오늘날 자신이 이런 상태로 살아가는 것은 과거와 현재의 형편 때문이거나 부모님이나 어릴 때 양육해준 사람 또는 주변 사람들 때문, 그렇지 않으면 운명 때문이라고 생각한다.

그렇게 생각하다 보니 많은 사람들이 행복한 삶을 살지 못하고 있다. 두려움과 우울을 비롯한 부정적인 감정은 개개인이 능력을 제대로 펼칠 수 없도록 하고, 삶을 즐길 수 없게 만든다. 과식, 과음, 흡연 등의 나쁜 습관을 들여 건강을 해치고 수명을 단축시키게 만들기도 한다. 하지만 이 모든 것은 이제부터 과거의 일이 될 것이다. 우리에게 희소식이 있기 때문이다.

희소식은 누구나 과거의 사슬을 끊어버리고, 원하는 기분과 감정으로 살아갈 수 있다는 것이다. 그리고 그 결과 더 행복하고 만족스럽고 활기 있고 건강한 삶을 살 수 있게 될 것이다.

　인지행동치료에 토대를 둔 이 책의 셀프헬프 프로그램은 독자들에게 더 나은 삶을 사는 방법을 가르쳐줄 것이며, 또한 이 책을 통해 독자들은 자신과 타인의 감정이 어떻게 생겨나는지, 어떻게 하면 삶을 더욱 풍요롭게 누릴 수 있는지, 그리고 두려움, 망설임, 우울 등의 부정적인 감정을 어떻게 극복할 수 있는지를 알게 될 것이다. 독자들은 이 책에서 내일의 삶을 변화시키기 위해 오늘 활용할 수 있는 구체적인 방법들을 발견하게 될 것이다.

이 책을 제대로 활용하는 법
—

이 책을 통해 정말로 자신의 상태를 개선시키고 싶다면 이 책을 그저 심심풀이 삼아 읽어서는 안 된다. 우리는 경험상 많은 사람들이 모든 책을 마치 소설인 양 처음부터 끝까지 죽 한번 읽어내려가는 걸로 그치는 경우를 많이 보았다. 그렇게 읽어서는 이 책에서 아무것도 얻을 수 없다. 소득을 얻고 싶다면 다음과 같이 활용해보라.

■ 개념과 내용의 대강을 파악하고 궁금증을 달래기 위해, 우선 각 장을 빠르게 죽 읽어내려가라.

- 두 번째로 읽을 때에는 좀 더 꼼꼼하고 주의 깊게 정독하라. 때때로 읽기를 중단하고 읽은 것에 대해 숙고하라. 마음에 와닿는 구절이 있으면 다음에 얼른 다시 찾을 수 있도록 밑줄을 그어놓으라.
- 한 장 한 장 연습해나가면서 앞장을 철저하게 마무리했다는 생각이 들면 다음 장으로 넘어가라. 특히 1장에서 4장까지는 그렇게 해야 한다.
- 매일 30분 정도를 이 책에 할애하라.
- 읽은 내용은 곧바로 일상에 적용하라. 아는 것만으로는 충분하지 않다. 실전이 중요하다. 자동차 운전도 이론으로 배운 것을 직접 핸들을 다루면서 배우지 않는가.

연습이 변화를 이루어낸다

—

정신적인 '웰빙Well-being'에 도달하지 못하는 이유는 연습을 아예 하지 않거나 충분히 연습하지 않기 때문이다. 사람들은 어떤 방법을 한두 번 시험해보다가, 금방 성과가 나타나지 않으면 실망하고 성급하게 포기해버린다. 그러나 변화에는 시간과 연습이 필요하다. 이 책의 지침들은 마치 진통제를 먹은 것처럼 곧장 효력을 발휘하지는 않는다. 하지만 증상만 완화시키는 대부분의 약물과는 달리 전혀 부작용이 없으며, 문제의 근본적인 원인을 해결해준다. 기존의 사고와 감정의 습관을 버리고 다른 것으로 대치하기까지는 시간이 필요하다. 그러므로 인내심을 가지라. 자동차 운전도 단숨에 익숙해지지는 않았을 것이다.

정말로 내가 나를 도울 수 있을까?

그렇다. 셀프헬프는 기본적으로 전혀 새로운 것이 아니다. 우리는 머리가 아프면 진통제를 복용하고, 타이어가 펑크 나면 타이어를 교체하는 등 끊임없이 스스로를 도우며 살아왔다. 그런 일상적인 일에서 사람들은 자신의 손으로 자신을 돕는 데 익숙해져 있다. 다만 감정에 관한 한 많은 사람들은 자신이 자기 자신을 도울 수 있을지 미심쩍어한다. 대부분의 사람들은 감정이란 아주 복잡해서 스스로 어찌할 수 없는 것으로 생각하기 때문이다. 그러나 당신은 이 책을 읽으면서 두 가지 유쾌한 경험을 하게 될 것이다.

1. 자신의 감정을 이해하고 감정에 영향을 끼치는 것은 생각보다 훨씬 더 쉬운 일이라는 것.
2. 이 책의 방법과 기술 들을 곧장 스스로에게 적용할 수 있다는 것. 그렇다. 그렇게 하면 빠른 발전을 이룰 수 있다.

혼자 노력한다고 될까?

일단 이 책의 지침들을 열심히 활용해보라. 충분히 숙지하고 열심히 연습했는데도, 감정과 행동의 변화가 적다면 추가적으로 전문가의 도움을 받아야 할 것이다. 발전이 없다고 하여 스스로를 구제불능으로 여기거나 그 어떤 방법도 자신에겐 도움이 안 된다고 섣불리 판단하지 말라. 이 책이 당신의 문제를 정확히 겨냥하지 못했을 수도 있고, 다른 전략이 필요할 수도 있다. 또한 이 책의 전략을 실천하기 위해 외부의 도움이 필요할 수도 있다. 그러나 기대치를 너무 높게 잡지 말고 작은 발전을 소중히 여기며 한 발 한 발 나아가는 것이 중요하다. 아무튼 일상생활을 하기 힘들거나, 자살 충동이 드는 심각한 경우라면 즉각 전문가의 도움을 받아야 한다.

변화에 방해가 되는 생각들

어떤 일이든 그 일에 임하는 자세는 매우 중요하다. 더 행복하고 만족스럽게 살고자 할 때도 다르지 않다. 다음과 같은 자세는 변화를 어렵게 한다.

"나만 우울하고 불행한가? 다른 사람들도 다 그렇지 뭐."

그렇지 않다. 우울하고 불행한 것은 정상이 아니다. 변화가 필요한 신경증적 상태다. 정신적으로 균형 잡히고 건강한 상태가 정상이다. 우리는 이런 문제를 선천적으로 가지고 태어난 것이 아니므로, 이 문제 또한 극복할 수 있다.

"사람이 어디 쉽게 변하나? 변화는 복잡하고 어려워."

어렵게 여기기 때문에 변화가 어려운 것이다. 우리는 이제 앞으로는 다른 사람의 태도로 인해 우리의 하루를 망치지 않겠다고 결심할 수 있다. 손톱을 더 이상 물어뜯지 않는 것은 불가능한 일이라고 되뇌일 수도 있지만, 반대로 당장에 손톱 물어뜯기를 그만둘 수도 있다. 손톱을 물어뜯는 증상과 관련한 모든 '심오한 심리적 원인'을 알고 있다고 한들, 그게 무슨 소용인가? 손톱을 물어뜯기를 중단하고자 한다면, 손가락을 일단 입에서 빼는 게 중요하다.

아니면 변화가 어렵다는 심리치료사의 말을 믿고 수년간 비싼 돈을 들여 심리치료를 받을 텐가? 무엇을 선택할지 우리는 결정해야 한다.

"변하기까지는 세월이 아주 오래 걸려."

그렇게 확신한다면 변화는 오랜 시간이 걸릴 것이다. 하지만 스스로 변화를 결심하고, 단시일 내에 변화를 이루어낸 사람들도 있다. 얼마 전 우리를 찾아온 한 여성은 6개월째 주말만 되면-금요일에서 일요일 저녁까지-심한 두통과 구역질에 시달렸다. 그리하여 주말에는 아무 일도 할 수가 없고 주말을 즐길 수 없는 지경에까지 이르렀다. 그 여성은 우리를 찾아와 단 한 번 상담을 받았을 뿐이다. 그런데도 그녀는 남편이 6개월 전에 그녀를 떠났다는 것을 이유로 더 이상 자신의 주말을 망치지 않기로 결심했고, 그때부터 그녀의 상태는 좋아졌다. 그 외에도 35세의 한 여성은 암에 걸릴까 봐 두려워하며 매일매일 그 공포에 골몰한 나머지 비서 일을 제대로 할 수가 없는 지경이 되었다. 하지만 그녀 또한 여섯 번 정도 우리와 만나 상담한 후, 암에 대한 공포를 완전히 극복했다.

모든 사람들이 이들처럼 단시일 안에 변화할 수는 없다. 하지만 변화가 언제나 시간이 오래 걸리는 것은 아니다.

"나 혼자서는 변화를 이루어낼 수 없어."

혼자서는 문제를 해결할 수 없을 거라고들 하는가? 그 말을 믿지 말라. 사람은 저마다 스스로를 돕기 위해 필요한 모든 능력을 가지고 있다. 때로 심리치료사의 도움은 매우 유용하며, 심지어는 꼭 필요한 경우도 있다. 그러나 혼자서도 할 수 있을 것 같은 생각이 든다면 혼자서 하라. '혼자서 하기에는 역부족이다. 혼자서 하면 얼마

안 가서 금방 중단해버릴 것이다' 등의 말은 점점 스스로를 다른 사람의 도움이 필요한 존재로 만들 뿐이다. 심리치료를 꼭 받아야 하는 것은 아니다. 그리고 받더라도 스스로 헤쳐 나갈 수 있도록 고무해주는 심리치료사를 찾아가야 할 것이다.

이 책을 읽겠다고 결정한 것처럼, 당신은 삶에 더 도움이 되는 시각과 행동방식을 갖기로 결심할 수 있다. 마약 중독자 같은 의지박약이 아닌 이상 스스로 해낼 수 있다. 자기 자신을 믿고 자신에게 기회를 주라.

차례

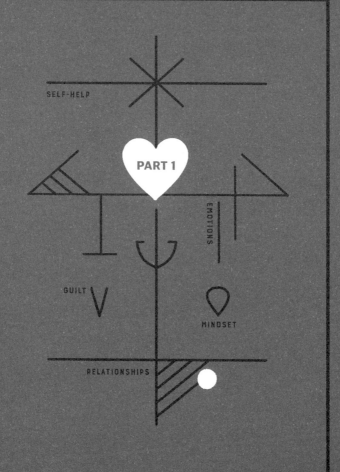

PART 1

SELF-HELP

EMOTIONS

GUILT

MINDSET

RELATIONSHIPS

감정을 다시 발견하다

감정은 어떻게 생겨나는가

부모님과 주변 사람들은 우리가 어렸을 때부터 행복해지기 위해 노력해야 한다고 가르쳤다. 우리는 만족감이나 정신적 평화가 돈과 성공, 외모 같은 외적인 것으로부터 온다고 배웠다. 다른 사람들의 인정을 받기 위해 노력해야 한다고 배웠으며, 다른 사람들이 보기에 그다지 '좋지 않은' 것을 하고 나면 죄책감을 느끼도록 훈련받았다. 다른 사람들과 비교하여 자신을 평가하도록 배웠기 때문에 거기서 자신이 좀 뒤처지는 것 같으면 열등감을 느끼거나 스스로를 가치 없는 사람으로 여겼다. 스스로를 어떻게 생각하느냐보다 다른 사람들이 자기를 어떻게 생각하느냐가 훨씬 중요하다는 가르침을 받았기 때문에 규범이나 도덕적 원칙에 어긋나는 일을 하고 나면 스스로를 꾸짖는 습관을 갖게 되었다. 맡은 일은 언제나 잘해내야 한다고 교육받았으며, 타인에게 감정적으로 상처를 줄 수도 받을 수도 있다는 생각을 가슴에 아로새겼다. 분노를 억누르거나 폭발시키는 것을 배웠으며, 자신의 기분은 흘러가는 대로 맡겨두는 것으로 알았다. 그리하여 우리의 정신상태는 다른 사람이나 상황에 종속되었다.

감정 선택권은 나 자신에게 있다
—

하지만 부모님이나 선생님들로부터 배운 것들이 전혀 맞지 않는다면 어쩔 텐가? 우리를 기르고 가르친 사람들이 틀린 것을 가르쳤다면? 사실은 나 스스로 내 기분을 좌우할 수 있다면?

그렇게 되면 더 이상 꼭두각시처럼 다른 사람이나 상황에 조종당하지 않아도 된다. 감정의 노예가 아니라 감정의 지배자가 될 수 있는 것이다. 그러면 더 이상 다른 사람들의 말이나 행동에 휩쓸리지 않고 스스로 느끼고 싶은 대로 느낄 수 있다. 두려움이나 부정적인 감정들로 행동의 제약을 받지 않고, 능력을 마음껏 펼치게 되며, 동시에 자기 자신을 온전히 책임질 수 있게 된다. 더 이상 다른 사람이나 특정 상황 때문에 자신이 이 모양 이 꼴이 되었다고 탓할 수 없기 때문이다.

종속된 삶과 자유로운 삶 중 선택할 수 있다면 어떤 삶을 선택하겠는가? 두려움, 걱정, 분노, 죄책감, 우울로 점철된 삶과 기쁘고 행복하고 평온한 삶 중에서 선택할 수 있다면 어떤 삶을 선택하겠는가?

우리에겐 선택권이 있다. 우리는 부정적인 감정과 습관을 떨쳐버릴 수 있다. 그러나 그러려면 기존에 우리가 학습해온 것을 수정해야 한다. 여태껏 살아오면서 습득했던 몇 가지 것들은 잊어버리고, 지금까지 스스로 옳다고 여겼던 몇몇 시각 및 생각과도 결별해야 한다. 한마디로 생각을 바꿔야 하는 것이다.

인간은 생각하는 대로 느낀다

우선 다른 사람들이나 상황에 따라 우리의 감정이 휘둘리도록 내버려두어서는 안 된다. 그러기 위해서는 다음과 같이 말하는 습관을 버려야 한다.

"너 때문에 걱정돼."
"너 때문에 슬퍼."
"너 때문에 화가 나."
"그것 때문에 심란해."
"그것 때문에 아무것도 할 수가 없어."
"그것 때문에 미쳐버리겠어."
"그것 때문에 마음이 몹시 아파."
"그 일이 날 콕콕 찔러."

자신과 자신의 감정에 대해 책임을 진다는 것은 좋고 싫은 감정들을 만드는 장본인이 바로 나 자신임을 깨닫고 인정하는 것이다. 이를 굳이 말로 표현해보면 다음과 같다.

"내가 나를 걱정시켜."
"내가 나를 슬프게 해."
"내가 나를 화나게 해."
"내가 나를 심란하게 해."
"내가 나를 아무것도 할 수 없게 해."
"내가 나를 미쳐버리게 해."
"내가 내 마음을 아프게 해."
"내가 나를 콕콕 찔러."

"어떻게 그럴 수 있죠? 어떻게 내가 나를 두렵고, 슬프고, 화나게 할 수 있어요?"

이유는 아주 간단하다. 자기 자신과 다른 사람들에 대한 우리의 생각이 우리의 감정을 결정하기 때문이다. 벌써 2천 년 전에 스토아 학파는 일이 사람을 불안하게 하는 것이 아니라, 그 일에 대한 사람의 생각이 사람을 불안하게 한다고 가르쳤다. 사람은 생각하는 대로 느낀다는 것이다.

우리의 감정을 결정하는 것은 어떤 일에 대한 우리의 전적으로 개인적이고 주관적인 평가다. 같은 일을 두고 사람마다 서로 다른 반응을 보이는 것은 그렇게밖에 설명되지 않는다.

"반응은 타고난 기질에 따라 달라지는 것 아닌가요?"

아니다. 아무도 소심하고 걸핏하면 화를 잘 내는 인간으로 태어나지 않았다. 우리의 반응은 많은 부분이 유년 시절에 배운 것들이다. 기대했던 것과 사뭇 다르게 반응하는 사람들을 보고 의아했던 적이 많았을 것이다. '정말 이해가 안 돼. 어떻게 저렇게 아무렇지도 않을 수 있지'라거나 반대로 '정말 이해가 안 돼. 사소한 일에 어쩌면 저렇게 흥분을 하지'라고 말이다. 즉, 당신 같으면 그런 상황에서 완전히 다르게 반응할 거라는 얘기다. 그렇다면 같은 일에 그토록 다르게 반응하는 것은 어찌된 일일까?

그것은 사람마다 상황을 다르게 보기 때문이다. 어떤 사람에게 특정 상황은 사소한 것일 수도 있지만 또 어떤 사람에게는 사소하지 않은, 즉 커다란 의미를 갖는 것일 수도 있다. 그는 당신과 다르게 생각하기에, 다르게 느끼고 다르게 행동한다. 생각과 감정 사이의 이런 연관을 감정의 ABC로 정리해볼 수 있다.

당신의 생각이 감정을 결정한다

—

슬프거나, 화나거나, 기쁘거나, 걱정되는 것은 뭔가를 지각했기 때문이다. 우리는

A 뭔가를 보았거나, 들었거나, 지나간 사건을 기억했다.

B 그리고 나서 이런 지각을 의식적으로든 무의식적으로든 긍정적으로, 중립적으로, 혹은 부정적으로 평가했다.

C 그 결과 그에 대해 슬퍼하거나 분노하거나 걱정하거나 기뻐하는 등의 반응을 보인다.

부정적인 생각은 부정적인 감정으로 이어지고,
긍정적인 생각은 긍정적인 감정으로 이어지며,
중립적인 생각은 중립적인 감정으로 이어진다.

부정적인 생각은 우울하게 하고, 걱정하게 하고, 화나게 하고, 열등감을 느끼게 하고, 죄책감을 갖게 한다. 긍정적인 생각은 행복하게 하고, 기쁘게 하고, 사랑하게 하고, 만족스럽게 한다. 중립적인 생각은 침착하게 하고, 평온하게 하고, 이성적이게 한다.

감정의 ABC는 자신과 타인의 감정을 이해하는 열쇠다.

A 상황

무슨 일이 일어났는가?

B 평가

그 상황을 어떻게 평가하는가? 긍정적으로, 중립적으로, 혹은 부정적으로?

C 감정, 신체 반응, 행동

나는 어떻게 느끼고 행동하는가? 신체적으로는 어떻게 반응하는가?

예 요즘 직장에 몇 번 지각을 했다고 하자. 어느 날 상사가 오더니 이렇게 말한다. "오늘로 벌써 네 번째 지각이야. 더 이상은 용납할 수 없네. 사정이 어떻든 간에, 다른 직원들처럼 제 시간에 출근하게."

여기에 당신은 어떤 반응을 보일까? 걱정할까, 화가 날까, 우울해할까, 아니면 들은 척 만 척할까?

당신의 반응은 상사의 말을 어떻게 평가하고, 그로부터 어떤 결론을 내리는가에 따라 달라진다. 감정의 ABC는 이렇게 될 수 있을 것이다.

A 상황

상사가 오더니 이러쿵저러쿵 잔소리를 한다.

B 평가

나는 생각한다. '정말 쪼잔한 놈이라니까! 다른 직원들과 똑같이 일을 하는데, 그깟 몇 분 늦은 것 때문에 이렇게 난리를 피우다니. 말도 안 되는 일이야!'

C 감정, 신체 반응, 행동

화가 난다. 얼굴이 굳어진다. 아무 말도 하지 않는다.

ABC는 이렇게 될 수도 있다.

A 상황

상사가 오더니 이러쿵저러쿵 잔소리를 한다.

B 평가

나는 생각한다. '이것 때문에 불이익을 당하지 말아야 하는데……. 다음번 구조조정 때 이 일을 빌미로 해고를 당할지도 몰라. 그렇게 되면 우리 식구들을 어떻게 먹여살리지?'

C 감정, 신체 반응, 행동

두려움. 신경성 복통. 변명하거나 용서를 구한다.

ABC는 다음과 같을 수도 있다.

A 상황

상사가 오더니 이러쿵저러쿵 잔소리를 한다.

B 평가

나는 생각한다. '에고, 부장님 기분이 오늘도 엉망이군. 일이 제대로 돌아가지 않나본데, 자기가 화나니까 애먼 부하 직원들이나 잡는군그래. 아휴, 그냥 내버려둬야지 별 수 있어? 시간이 지나면 저절로 해결되겠지.'

C 감정, 신체 반응, 행동

평온하다. 몸도 편안하다. 그 사건을 금방 잊어버린다.

이처럼 같은 상황에서도 반응은 전혀 다르게 나타날 수 있다. 당신의 감정적·신체적 반응은 당신이 상황을 어떻게 평가하는지에 따라 달라진다.

"내게 그런 일이 일어나면, 난 가만히 있지 못할 거예요. 나는 걱정이 많은 편이거든요. 앞으로도 이런 성격은 변하지 않을 거예요. 우리 아빠도 걱정이 많은 사람이었는걸요."

당신이 어떤 상황에서 계속 부정적인 반응을 보인다면, 그것은 당신이 그렇게 반응하도록 학습되어 있기 때문이다. 당신의 아버지가 걱정이 많은 사람이었다면, 아마 아버지로부터 그처럼 걱정하는 태도를 배웠을 것이다. 그러므로 그 점을 개선한다면 다르게 느끼고 다르게 행동하게 될 것이다. 그러나 그러자면 우선 그런 상황에서 다르게 생각하는 법부터 배워야 한다.

감정 편에서 볼 때 사실과 사건은 당신의 마음가짐과 평가만큼 중요하지 않다. 또한 이 책의 내용은 당신이 이 책에 대해 어떻게 생각하는지만큼 중요하지 않다. 당신이 읽은 것을 어떻게 생각하는지가 당신의 감정을 결정할 뿐 아니라, 당신이 이 책의 조언들을 어떻게 받아들일 것인지도 결정한다.

이번 장을 읽으면서 머릿속에 어떤 생각이 스쳐갔는가? '무슨 말도 안 되는 소리야? 감정은 이성으로도 어쩔 수 없다는 건 젖먹이도 아는 이야기야. 유년 시절의 경험을 해결하지 않으면 변화는 있을 수 없어'라고 혼잣말을 했는가?

그런 생각으로 이 책을 본다면 실망할 것이다. 이 책을 구입한 걸 후회할 것이고, 그런 말도 안 되는 내용을 쓴 우리에게 화가 날 것이다. 그러고 나서 이 책을 치워버리고 다시는 눈길도 주지 않을 것이다. 그러나 그렇게 함으로써 당신은 이미 생각이 감정과 행동을 결정한다는 것을 스스로 증명하고 있는 셈이다.

"하지만 모든 상황을 긍정적으로 보거나 장밋빛 안경을 끼고 볼 수는 없잖아요."

맞는 말이다. 모든 상황을 긍정적으로 보는 것은 타당하지 않다. 걱정하고 슬퍼하고 실망하는 것이 당연한 일들이 있다. 하지만 중요한 것은 스스로 자신의 기분과 감정에 대한 결정권을 가지고 있음을 아는 것이다.

당신이 '화를 내기로' 또는 '걱정을 하기로' 결정한다면 화를 내거나 걱정을 할 수 있다. 물론 당신은 이 책을 말도 안 되는 멍청한 짓으로 여길 권리도 가지고 있다. 단 특정 상황에서 다른 기분을 느끼고 다르게 행동하기를 원한다면, 정서적인 문제를 극복하고자 한다면 오늘 당장 시작할 수 있다.

"나더러 로봇이 되라는 말인가요?"

화를 덜 내거나 걱정을 덜하기로 결정한다 해도 당신은 지금과 다를 바 없는 사람이다. 단, 걱정을 덜하고 화를 덜 내는 새로운 습관을 들인 것뿐이다. 로봇처럼 행동하는 것은 오히려 지금이다. 다른 사람들의 특정한 태도나 특정한 사건에 손쓸 사이도 없이, 오래된 공포 혹은 분노가 자동적으로 엄습하지 않는가? 선택을 하지 못하고, 어렸을 때 배운 '프로그램'이 지시하는 대로 반응하지는 않는가?

우리는 (설사 원한다고 해도) 당신을 감정 없는 차가운 인간으로 만들 수 없다. 당신은 살아 있는 동안 언제나 감정능력을 가지고 반응하게 될 것이다. 당신은 결코 더 이상 부정적인 감정을 느끼지 않는, 백 퍼센트 행복한 사람이 되지는 않을 것이다. 살아가는 동안 우리는 부정적인 감정도 느끼기 마련이다. 하지만 우리는 상황에 어울리는 감정을 갖기로 결정할 수 있다. 그리고 그런 감정을 얼마나 강하게, 또한 얼마나 오래 끌고갈지도 결정할 수 있다.

"상황이 개선되어야 내 상태도 더 나아지는 것 아닌가요?"

당신의 성격이나, 여타 삶의 조건들을 바꾸어서 더 행복해진다면 마땅히 그렇게 해야 한다. 많은 사람들이 굶주리고, 고문을 당하고, 부당한 대우를 받는 것에 화가 난다면 물론 그런 상황을 변화시키는 데 참여해야 한다.

하지만 모든 것을 있는 그대로 다 받아들여야 한다는 것이 아니다. 아예 변화시킬 수 없거나, 변화하는 데 시간이 필요한 상황들도 있기 마련이다. 뒤에 오던 자동차가 당신을 추월한다면, 어찌 해볼 도리가 없다. 회사 사정이 안 좋아져서 해고를 당한다면, 그 또한 어쩔 수 없다. 상사에게 싫은 소리를 들었다면, 그 소리를 없던 것으로 되돌릴 수는 없다. 배우자가 당신을 떠난다면, 그의 결정을 번복할 수는 없다.

이와 비슷한 상황에서 당신은 다음 두 가지 중 하나를 선택할 수 있다. 쿨하게 넘겨버리든지, 아니면 오랫동안 괴로워하든지. 이미 일어난 일을 일어나지 않은 일로 만들 수는 없다. 이 모든 경우 당신은 내면의 결정 앞에 선다. '그에 대해 화를 내고, 우울해하고, 걱정하고, 오래도록 괴로워할 것인가, 아니면 그로 인해 정신적인 해를 입지 않도록 할(하는 것을 배울) 것인가?'

확신이 감정을 부른다

—

뇌는 정보를 처리하고, 전달하고, 저장하는 복합 시스템이다. 입력한 정보를 처리하는 컴퓨터와 유사하다. 하지만 뇌가 감정에 커다란 영향을 끼친다는 것을 의식하는 사람은 별로 없는 듯하다. 그렇다. 우리는 뇌 없이는 그 어떤 감정도 느낄 수 없다고 감히 단언할 수 있다. 눈과 귀를 비롯한 감각기관으로 감지하는 모든 것은 뇌에서 자동적으로 긍정적으로, 부정적으로, 혹은 중립적으로 평가된다. 그리고 당신이 '확신'하는 모든 평가는 신체에서 긍정적인, 부정적인, 혹은 중립적인 감정을 유발한다.

여기서 '확신'이라는 말이 중요하다. 다음 테스트를 해보라. '내 방에 언제라도 터질 수 있는 폭탄이 있어'라고 혼잣말을 해보라. 그렇게 했는가? 자, 이제 어떤 기분이 드는가? 불안하거나, 공포가 느껴지는가? 그렇지 않을 것이다. 공포감이 들지 않는 이유는, 당신이 방에 폭탄이 있다고 믿지 않기 때문이다. 다시 말해, 생각은 당신이 그 생각이 정당하다고 확신할 때에만 감정을 유발한다. 일반적으로 당신은 스스로의 생각이 옳다고 확신한다. 그리하여 우리의 생각과 판단을 문제시하지 않는다.

그러나 부정적인 감정에서 해방되고 싶다면, 바로 자신의 생각을 문제 삼아야 한다. 기분은 부정적인 생각과 자세를 변화시킬 때에만 개선될 수 있다. 당신이 무슨 생각을 할 때 왜 그렇게 생각하는 것인지 한번 살펴보자.

좋지 않은 행동을 하면 나쁜 사람
—

유아들의 눈에 비친 세계에는 위험도 금기도 없다. 만약 부모들이 내버려둔다면 아이들은 차가 다니는 거리에서 뒹굴고, 똥을 가지고 장난치고, 강아지 사료를 먹는 등 제멋대로 행동할 것이다. 부모와 양육자를 통해 비로소 아이들은 세계와 세계에서 벌어지는 일들을 위험하거나, 무례하거나, 좋거나 나쁘다고 생각하게 된다.

우리는 우리와 타인의 행동을 판단하는 기준을 습득한다. 다른 사람을 때리거나, 실수를 하거나, 다른 사람의 부탁을 거절하는 것은 나쁜 행동이라고 배운다. 자신이 원하는 것만을 주장하는 것은 이기적이며, 우는 것은 남자답지 못한 처신이라고 배운다. 이웃의 생각을 존중해야 하고 여자는 얌전해야 하며 분노를 폭발시키면 원하는 것을 쉽게 얻을 수 있다고 배운다. 그 외에도 많은 것을 배운다. 부모와 양육자는 아이들 앞에서 스스로 솔선수범해 보이거나, 아이를 꾸짖거나, 청을 들어주지 않거나, 매를 드는 것으로 이런 기준과 규칙을 중재한다.

많은 부모가 다음과 같이 말한다. "넌 나쁜 애야. 그렇게 행동하면 난 널 사랑할 수 없어. 네가 내 자식이라는 게 창피하구나.' 어떤 부모는 "네가 ○○○하면 엄마는 널 정말 사랑할 텐데'라고 말한다. 이런 식의 경험은 우리의 사고를 규정하고, 우리는 '다른 사람들이 보기에 좋지 않은 행동을 하면 나는 나쁜 사람이며, 그에 대해 부끄러워해야 하고, 자신을 비난해야 한다'는 확신을 갖기에 이른다. '나는 다른 사람의 마음에 드는 행동을 해야 해. 그래야 사람들이 나를 좋아할 테니까'라고 말이다.

우리는 모두 살아오는 과정에서 이와 비슷한 마음가짐을 내면화했다. 어릴 적 우리는 그런 말의 정당성을 시험해볼 수 없었다. 그리하여 그런 말들을 무비판적으로 받아들였다. 가령 부모님이 우리더러 배은망덕하다거나, 틀렸다거나, 어리석다고 말할 때, 우리는 그 말을 곧이곧대로 들었다. 우리는 부모님이 옳다고 여기는 대로 행동할 때에만 사람들로부터 사랑을 받을 수 있다고 생각했다. 우리는 우리 자신이 다른 사람들로부터 인정을 받고, 칭찬을 받아야 한다고 생각했다. 그러나 이제 우리는 어른이 되었다. 부모님이 우리를 키우는 과정에서 (물론 좋은 의도로) 주입한 표준과 기준을 비판적으로 점검해볼 때가 된 것이다.

만약 이런 기준들 중 몇 가지가 우리가 살고 싶은 삶을 영위하는데 방해가 된다는 것을 확인한다면, 우리는 그런 규칙들을 미련 없이 떨쳐버려야 한다. 어떤 마음가짐이 도움이 되기는커녕 오히려 방해가 된다면, 우리는 자신과 주변 사람들과 벌어지는 일들에 대한 우리의 자세를 바꾸어야 한다. 그래야만 우리의 감정과 행동에 변화를 가져올 수 있다.

"좋아요. 하지만 딱히 뭔가를 생각하지 않는데도 그냥 기분이 나빠질 때도 많아요."

그렇다. 뭔가를 생각했다고 의식하지 못할 때도 많다. 어떤 인상에 이어서 부정적인 감정이 엄습하기도 한다. 이제 우리는 감정이 생각을 통해서만 유발된다는 것을 알고 있다. 그렇다면 때로 아무 생각도 하지 않았는데도 은근히 기분이 나빠지는 것을 어떻게 설명할 수 있을까?

무의식 속의 생각들

자동차를 운전하는 사람이라면 처음 운전하던 때를 돌이켜보라. 당시 당신은 자동차를 운전하기 위해 의식적으로 스스로에게 하나하나 지시를 했을 것이다. 가령 속으로 이렇게 혼잣말을 했을 것이다.

'클러치를 밟고, 기어를 넣어. 자, 이제 깜박이를 켜고, 백미러를 보고…….' 그러다가 차츰 운전에 익숙해지면서 운전을 하면서 다른 생각을 할 수 있게 되었을 것이다. 운전을 하면서 회사일이나 집안일, 휴가계획을 생각할 수 있고, 의식적으로 자동차 운전을 생각할 필요가 없는 단계에 이르렀을 것이다.

이것이 이제 당신이 더 이상 스스로에게 운전을 위한 지시들을 내리지 않게 되었다는 뜻일까? 그렇지 않다. 단지 이런 지시들이 이제는 아주 자동적으로, 즉 무의식적으로 내려진다는 의미다. 그런 생각들을 '자동적인 생각'이라고 부르자. 의식적인 관여 없이 생각이 이루어지기 때문이다.

그런 자동적인 생각들은 커다란 도움이 된다. 당신이 순간적인 반응을 할 수 있도록 도와주기 때문이다. 운전 중인데 갑자기 저만치에서 보행자가 무단횡단을 하려 한다고 가정해보자. 이때 지금 이 상황이 위험한 상황인지 아닌지 오랫동안 생각해야 한다면 어떻게 될까? 그렇다면 교통사고 사망자 수는 비약적으로 늘어날 것이다. 자동적인 생각은 이런 상황에서 빠르고 안전하게 반응하도록 도와준다. 자동적인 생각은 또한 당신이 순간적으로 걱정을 하거나, 침울해하거나, 화가 머리끝까지 치솟도록 한다. 어떤 생각이 항상 되풀이되다 보면 그 생각은 자동적인 생각이 된다.

"내 생각이 그렇게 무의식적으로 진행된다면, 내가 스스로에게 무슨 말을 하는지 어떻게 알 수가 있죠?"

좋은 질문이다. 그에 대한 답변은 당신이 생각에 더욱 주의를 기울이는 것을 습관화한다면, 자동적으로 진행되는 (무의식적인) 생각들을 잡아낼 수 있다는 것이다. 이런 질문을 던지는 것을 생활화하라. '내가 무엇 때문에 우울할까? 나는 지금 어떤 짜증스런 생각을 하고 있지? 이런 기분이 되도록 나는 스스로에게 뭐라고 하고 있지? 그에 대해 나는 어떻게 생각하지?' 이런 질문을 던짐으로써 당신에게 부정적인 감정을 유발시키는 생각과 확신을 잡아낼 수 있다.

늘 정신적으로 힘들고 기분이 안 좋은 것은 부정적인 생각 때문임을 명심하라. 지금 당신의 기분에 책임을 져야 하는 사람은 바로 당신 자신이다.

감정을 이해하고 바꾸는 방법
—

1. 기분이 나쁘거나 우울한 것을 자꾸만 타인이나 주변 상황 탓으로 돌리고 있다면 곧장 생각을 수정하고 이렇게 되뇌이라.

"내가 나를 걱정하고, 화나고, 슬프게 하고 있구나. 내 생각이 나를 힘들게 하고 있어."

이 점에서 자세 변화가 일어날 때까지 당신은 생각을 여러 번 수정해야 할 것이다. 다른 사람들에게 책임을 전가하는 버릇은 아주 오래되고 굳어진 습관이기 때문에 그에 대해서는 단호하게 대치하지 않으면 안 된다.

2. 자신이 뭔가를 이해했는지를 확인할 수 있는 가장 좋은 방법은 다른 사람에게 자신이 이해한 바를 이야기하는 것이다.

그러므로 기회가 있을 때마다 주변 사람들에게 감정의 ABC를 설명해주라. 설명하는 사람이 듣는 사람보다 더 많이 배우게 될 것이다.

3. 이제 기분이 좋지 않을 때마다 감정의 ABC를 만들어보라.

무슨 일이 일어났는지(A), 이런 상황에서 머릿속을 스쳐간 생각들, 즉 이 일이 당신에게 얼마나 중요하고, 그것을 어떻게 평가하는지(B), 정신적·신체적으로 어떻게 느끼고 행동했는지(C)를 짧게라도 메모해보라.

A 상황

B 평가

C 감정, 신체 반응, 행동

건강한 생각으로 가는 길

도움이 되는 생각, 해가 되는 생각

—

이제 당신은 생각이 감정과 행동을 결정하므로, 가능하면 유용하고 '건강한' 마음가짐을 갖는 것이 중요하다는 것을 알게 되었다. 그러나 우리의 생각이 도움이 되는지, 해가 되는지를 어떻게 알 수 있을까? 건강한 생각의 두 가지 특징은 다음과 같다.

1. 사실에 근거를 둔다.
2. 우리가 바라는 기분과 행동에 이르도록 도와준다.

이런 두 특성을 건강한 사고를 위한 두 가지 원칙이라고 명명하자. 이런 두 원칙으로 당신의 생각을 점검한다면, 도움이 되는 생각과 해가 되는 생각을 구별해낼 수 있다. 이 두 원칙을 좀 더 자세히 살펴보자.

1. 건강한 생각은 사실에 근거를 둔다.

우리를 불안하게 하는 것은 일 자체가 아니라 일에 대한 우리의 관점이다. 우리가 어떤 일에 부여하는 의미가 우리의 기분을 결정한다. 우리가 힘들어지는 것은 우리의 관점 때문이다. 사건을 언제나 있는 그대로 본다면 문제가 없을 것이다.

창밖을 바라보라. 오늘 날씨가 어떤가? 비가 오는가? 해가 나는가? 구름이 끼었는가? 비가 오면 '에이, 오늘은 날씨가 엄청 안 좋네. 아주 기분 나쁘고 우울한 날씨야'라고 생각하는가? 태양이 비치면 '정말 아름다운 날이야'라고 생각하는가?

날씨와 관련하여 '좋다', '나쁘다'라는 말들을 사용한다면, 당신은 그 표현으로 날씨에 대한 당신의 개인적인 의견을 나타내는 것이다. 태양이 비치건 비가 오건, 날씨는 그 자체로 좋지도 나쁘지도 않으며, 많은 사람이 생각하듯 찌뿌둥한 날씨도 아니다. 날씨는 그냥 날씨일 뿐이다.

잠시 쥐를 가지고 놀다가 잡아먹는 고양이를 보고 "고양이가 정말 잔인한 짓을 하네"라고 말한다면, 그것은 사실에 들어맞지 않는다.

고양이의 행동이 잔인하다는 것은 당신의 평가일 뿐이다. 어떤 사실에 대한 당신 자신의 생각을 피력한 것이다. 고양이는 본능에 따라 그저 모든 고양이들이 하는 행동을 했을 뿐이다. 고양이의 행동은 나쁘지도 좋지도 않다.

당신이 "정말 지루한 일요일이야"라고 말한다면, 그것은 그날에 대한 당신의 의견일 뿐이다. 일요일은 그 자체로는 지루하지도 재미있지도 않다.

당신이 누군가가 나쁜 짓을 했다고 주장한다면, 그것 또한 당신의 의견이다. 당신은 무엇이 좋고 무엇이 나쁜지에 대한 특정한 기준을 가지고 있고, 그것으로 다른 사람을 판단한다. 그러나 좋고 나쁨에 대한 당신의 기준은 부모님으로부터 물려받은 개인적인 견해다. 많은 사람들이 당신과 같은 의견을 가지고 있을지도 모른다. 그러나 어떤 행동은 엄밀히 따지면 좋지도 나쁘지도 않다.

"이런 얘기가 내 문제와 무슨 상관이에요?"

우리가 하고 싶은 말은 당신이 원하는 삶을 살지 못하도록 방해하는 감정을 느끼는 경우 당신의 견해는 사실과 부합하지 않는다는 것이다. 현실을 일그러뜨리는 안경을 쓰고 자신과 상황을 보고 있다는 것이다.

우울증으로 우리를 찾아온 엘비라도 그랬다. 무엇이 우울하냐는 질문에 엘비라는 다음과 같이 대답했다. "나는 아무짝에도 쓸모없는 사람이에요. 못생긴데다, 다른 사람에게 호감을 주지도 못해요. 여태까지 살면서 하나도 잘한 게 없어요. 난 실패한 사람이에요." 우리는 엘비라와 대화를 나눴다. 우리의 목표는 엘비라에게 그녀의 생각이 사실과 부합하지 않는다는 것을 보여주는 것이었다.

심리치료사 (이하 심) 당신의 고용주도 당신이 아무런 쓸모가 없다고 생각합니까?

엘비라 (이하 엘) 아뇨. 나의 상사는 내게 아주 만족하고 있어요. 최근에는 나를 칭찬하기도 했어요.

심 남편과 아이들은 어떻게 생각합니까? 그들도 당신이 아무 짝에도 쓸모없는 실패자라고 생각합니까?

엘 그렇지는 않을걸요.

심 그렇지 않을 거라고 믿는 겁니까, 아니면 실제로 그렇지 않은 겁니까?

엘 아이들은 나를 아주 좋아해요. 나는 아이들과 대화가 잘 통하는 편이에요.

심 그러니까 남편과 아이들이 당신을 실패자라고 여기지는 않는다는 거죠?

엘 네, 틀림없이 그렇지 않아요.

심 그렇다면 당신이 아무짝에도 쓸모가 없는 실패자라는 생각은 왜 하게 되었습니까? 상사는 당신의 능력에 만족하고, 가족들은 당신을 좋아하는데요.

엘 난 다른 사람들처럼 유능하지 못해요. 다른 여자들과 비교를 하면 자꾸만 위축이 돼요.

심 정확히 어떤 점에서 위축이 되죠?

엘 난 내 의견을 제대로 표현하지 못하고, 어떤 의견을 밀고나 가지도 못해요. 말하려고 하면 아무것도 생각나지 않고 집중을 할 수도 없어요.

심 자신의 의견을 제대로 주장하지 못하고, 주저하고, 확신을 못하며 자신의 의견을 밀어붙이지 못하는 사람은 아주 많아요. 그들 모두가 당신처럼 스스로를 실패자로 여기고 아무짝에도 쓸모 없는 사람이라고 생각할까요?

엘 아니요.

심 당신도 마찬가지예요. 당신은 스스로에게 맞지 않는 말을 하고 있어요. 스스로 실패자이며 쓸모없는 사람이라고 생각한다면 그것은 사실과 맞지 않아요. '살아오면서 하나도 잘한 게 없다'는 말도 마찬가지고요. 정말로 그렇다면 당신은 오늘날 가족도 직업도 없었을 거예요. 당신의 생각이 엄청 과장되어 있다는 것을 알아야 해요. 당신이 못생기고 호감을 주지 못한다는 생각을 하게 된 이유는 뭐죠?

엘 난 뚱뚱해요. (엘비라는 154센티미터에 65킬로그램이었다.)

심 지금의 몸무게를 변함없이 유지하고 있나요?

엘 네. 적어도 15년 전부터요.

심 남편은 뭐라고 하죠? 남편도 당신이 너무 뚱뚱해서 보기에 좋지 않다고 생각하나요?

엘 아뇨. 남편은 통통한 여자가 좋다고 해요. 그래서 내가 간혹 다이어트를 하면 화를 내요.

심 보세요. 당신 혼자만 당신이 뚱뚱하다고 생각하잖아요. 당신이 자신에 대해 그렇게 생각한다면 그것은 사실을 과장한 거예요. 의학적으로 이상적인 몸무게가 아니라고 해서, 그렇게 추해 보이지는 않아요.

이런 짧은 대화를 통해서 엘비라의 생각이 사실과 부합하지 않는다는 것을 알 수 있었다. 엘비라가 자신을 설명하는 말들은 그녀의 현실과 일치하지 않는다.

사실과 개인적 견해의 차이는, 사실은 점검할 수 있지만 견해는 그렇지 않다는 것이다. 어떤 일에 대해 한 가지가 아닌 여러 의견이 존재한다. 어떤 의견을 따르고, 어떤 의견을 거부할 것인지는 각자 자기 마음에 달렸다. 불행, 두려움, 절망, 분노의 감정을 피하거나 극복하고자 한다면, 자꾸만 사실에 근거한 사고를 하도록 노력해야 한다.

기분이 안 좋을 때마다 스스로에게 이렇게 물어보라. '내가 지금 나 자신에 대해 하는 말이 사실에 들어맞는가? 정말 그런가, 아니면 나의 의견일 뿐인가? 그것이 사실이라는 증거가 있는가?'

엘비라라면 이렇게 물을 것이다. '내가 살아오면서 잘한 일이 아

무엇도 없다는 것은 사실인가? 내가 못생기고 호감을 주지 못한다는 것은 사실인가?'

솔직히 답변해보라. 이런 질문에 '아니다'라고 답변한다면, 당신은 사실을 과장하고 있는 것이다. 당신은 사실을 과장해서 실제보다 좋지 않게 만들었다. 그리고 생각이 감정을 결정하기 때문에 실제 상황보다 더 비관적이고 부정적인 감정을 가지게 된다.

자신의 생각을 비판적으로 캐묻는 훈련이 거의 되어 있지 않은 사람들은 '내가 모든 걸 잘못하고 있다는 것이 사실인가?'와 같은 질문에 종종 '그렇다'라고 대답한다. 그로써 그들이 그런 확신을 가지고 있고 그렇게 느끼고 있음을 표현하고자 한다. 그러나 '그 생각이 사실과 맞는가?'라는 질문에서 중요한 것은 감정적으로 그렇게 느껴지는 것은 옆으로 밀쳐두고, 자신의 확신이 사실과 부합하는지를 점검하는 것이다.

감정은 사실이 아닌 생각을 보여줄 뿐이다. 그러니 조심하라! 어떤 생각이 '언제나, 결코, 모두 다, 너무……' 같은 말들을 포함하고 있으면 그 생각은 대체로 사실에 부합하지 않는 것들이다. 또한 멍청한, 추한, 아름다운, 열등한, 늙은, 양심 없는, 이기적인 등의 형용사들도 판단이나 평가일 뿐 사실과 무관하다.

2. 건강한 생각은 원하는 기분과 행동에 이르도록 도움을 준다.

심리치료사를 찾아오거나 삶을 변화시키고자 하는 가장 흔한 이유는 행복하지 않고 자꾸 마음이 괴로워지기 때문이다. 부정적인 감정은 신체적인 불편과 마찬가지로 경고의 표시다. 신체적인 아픔이 신체에서 무엇인가가 제대로 작동하지 않는다는 것을 보여준다면, 부정적인 감정은 자신이 무엇인가를 부정적으로 평가하고 있음을 보여준다. 엘비라처럼 그런 좋지 않은 생각을 하면서 기분이 좋기를 바라는 것은 불가능하다.

스스로를 실패자라고 생각하거나 열등하게 여긴다면, 우울해지는 것은 지극히 당연하다. 그런 부정적인 생각을 하면서 기분이 좋다면 머리가 어떻게 된 것일지도 모른다. 부정적인 생각을 하면서 기분이 나쁜 것은 지극히 정상적이다.

그러나 부정적인 생각은 자신이 원하는 대로 행동하는 것을 방해한다. 그런 생각은 '싫다'고 말하고 싶을 때에도 '좋다'고 말하게 한다. 거부당하거나 웃음거리가 될 것이 두려워 무엇인가를 묻거나 부탁할 수 없도록 한다. 다른 사람들에게서 비판받을 것이 겁나서 하고 싶은 일을 밀고나갈 수 없게 한다. 부정적인 생각은 또한 새로운 것을 시도하거나 주변 사람들과 사이좋게 지내는 것을 힘들게 한다.

더 행복해지고 싶다면, 생각을 변화시켜야 한다. '이 생각이 내가 원하는 기분과 행동에 이르도록 도와주는가?'라고 질문하라. 이때 '아니다'라고 대답한다면, 머릿속으로부터 그런 생각을 몰아내고 긍정적이고 현실적인 생각으로 바꿔야 한다.

부정적인 생각에는 이렇게 대처하라

---

1. 생각을 습관적으로 점검하라.

스스로 생각의 정당성을 입증할 수 있는 증거를 캐묻는 변호사라고 상상하라.

2. 기분이 나쁘면, 지금 자신이 무슨 생각을 하는지를 알아내라.

그리고 '그 생각이 사실에 부합하는가?', '이 생각이 나로 하여금 내가 원하는 대로 느끼고 행동하도록 도와주는가?'를 자문하라.

3. 앞의 두 질문 중 하나라도 '그렇지 않다'는 대답을 할 수 있다면, 계속해서 그 생각을 붙들고 있지 말라.

속으로 '그만!'이라고 외치면서 생각을 중단하라. 그 생각을 자신이 원하는 감정을 이끌어낼 수 있는 더 현실적인 생각으로 바꾸라. 혼자 있다면 손뼉을 치면서 큰 소리로 "그만!"이라고 외칠 수도 있다. 부정적인 생각이 떠오를 때마다 곧장 그 생각의 고리를 끊는 것이 중요하다.

4. 부정적인 생각을 막지 못할 때도 있다. 하지만 그 생각을 계속 좇으며, 그 생각을 믿음으로 굳히는 것을 거부할 수는 있다.

때로 아주 많은 내적인 '토론시간'이 필요할 것이다. 몇백 번을 생각들을 뿌리치고 도움이 되는 생각으로 바꿔야 할지도 모른다. 따라서 부정적으로 판명된 생각이 또 당신을 사로잡으려는 것을 감지하면 의식적으로 이렇게 외쳐보라.

"그만! 이런 생각은 내게 아무런 도움이 되지 않아. 해만 될 뿐이야." 그리고 나서 이런 부정적인 생각에 현실적이거나 도움이 되는 생각들로 맞서라.

우리가 하는 생각은 사실인가?

—

현실적이거나 도움이 되는 생각들은 어떤 것인지를 엘비라의 예를 통해 살펴보겠다. 다시 한 번 엘비라의 생각으로 돌아가보자.

"나는 아무짝에도 쓸모 없는 인간이야. 나는 실패자야."

우리가 이미 확인한 대로 이런 생각은 사실이 아니다. 게다가 이런 생각은 엘비라의 행복에 도움이 되지도 않는다. 이제 이런 말 대신 엘비라는 뭐라고 말할 수 있을까? 무엇이 사실에 맞고, 엘비라의 기분을 전환시키는 데 도움이 될까?

엘비라는 이렇게 말할 수 있을 것이다. "나는 다른 사람들처럼 결점과 단점이 있는 인간이야. 하지만 내게는 좋은 점들도 있어. 실수를 저지르거나 내 생각을 표현할 수 없을 때는 유감스러워. 하지만 그렇다고 인생에 실패한 것은 아니야."

"나는 못생기고 사람들에게 호감을 주지도 못해."

이런 생각 역시 사실과 맞지 않으며 엘비라의 행복에 하등 도움
이 되지 않는다. 이 대신 뭐라고 말할 수 있을까?

엘비라는 이렇게 말할 수 있다. "내가 원하는 몸무게보다 몇 킬
로그램 더 나간다는 사실이 썩 마음에 들진 않아. 하지만 그렇다고
내가 추한 건 아니야. 남편은 분명히 나를 그렇게 보기 싫다고 생각
하지 않아. 나는 이상적인 몸무게가 아니라도 나 자신을 받아들일
수 있어."

"여태껏 살면서 잘한 일이 하나도 없어."

우리가 보았듯 이런 생각 역시 사실에 부합하지 않고 엘비라의
행복에도 전혀 도움이 되지 않는다. 이렇게 말하는 대신 뭐라고 할
수 있을까?

엘비라는 이렇게 말할 수 있다. "다른 사람들처럼 나도 살면서
몇 가지 잘못을 했어. 몇 가지 결정은 잘못되었고 나쁜 결과들이 나
왔 어. 하지만 한편으로 잘한 일도 많아. 실수만 보고 내가 잘한 일
은 도외시하는 것은 공평하지 않아."

감정은 부정적인 생각을 하고 있다는 신호

—

부정적인 생각을 현실적이고 도움이 되는 생각으로 대처할 때 우리는 헷갈리는 경험을 하게 된다. 마치 무언가를 속이거나, 스스로를 강제로 세뇌하는 듯한 기분이 될 것이다. 스스로가 실패자라고 생각되는데 그렇지 않다고 말하는 것은 억지스런 느낌마저 들것이다. 이런 모순을 어떻게 대처할 수 있을까?

혹시 영국이나 일본에서 자동차 운전을 해본 적이 있는가? 그렇다면 이와 비슷한 경험을 했을 것이다. 영국에서는 좌측통행을 해야한다는 것을 아주 잘 알고 있음에도 처음에는 평소와 반대 방향으로 운전하는 것이 뭔가 '이상하고 옳지 않은 것 같은' 느낌이 든다. 우측으로 통행하는 것에 너무도 익숙해진 나머지, 그와 반대방향으로 운전하는 것이 부자연스럽게 느껴지는 것이다. 그리하여 머리는 안 된다고 말하는데도, 처음에는 자꾸만 우측통행을 하고 싶은 충동이 일 것이다.

이런 상황에서 당신은 어떻게 행동할 것인가? 영국에서는 좌측통행을 해야 한다고 말하는 이성의 소리에 복종했을 것이다. 그리고 영국에서 자동차를 운전하는 기간이 길어지면 길어질수록 점점 더 안정감을 느끼게 될 것이다. 그리고 시간이 지남에 따라 좌측통행을 하는 것이 아주 자연스러운 일이 될 것이다. 완전히 재학습을 한 것이다.

잘 닦인 도로와 마찬가지인 부정적인 사고습관을 벗어버리려

할 때도 마찬가지다. 당신의 생각이 사실과 부합하지도 않고 자신에게 도움이 되지도 않는다는 것을 당신의 이성은 잘 알고 있다. 그런 생각은 스스로에게 해만 될 뿐이라는 것을 말이다. 하지만 그럼에도 당신은 여전히 기분이 좋지 않고, 화를 내고, 우울해하고, 걱정할 만한 모든 이유를 다 가지고 있는 듯이 느껴진다.

영국에서 운전할 때와 마찬가지로 이제 중요한 것은, 감정을 무시하고 이성을 통해 옳다고 알고 있는 지식을 따르는 것이다. 감정은 단지 당신이 예전의 부정적인 생각을 하고 있음을 보여주는 신호일 뿐이다. 그러므로 부정적인 감정이 올라오면 매번 무시하라. 그리고 새로운 생각에 맞게 행동하라. 충분히 자주, 충분히 오래 그렇게 하다 보면, 새로운 생각에 맞는 새롭고 좋은 기분을 갖게 될 것이다. 부정적인 감정은 맨 뒤로 물러난다. 우선은 사고방식을 변화시켜야 한다. 처음에 스스로를 속이거나 연극을 하는 것처럼 느껴지는 것은 지극히 정상적인 일이다. 이런 느낌은 시간이 흐르면서 사라진다.

생각이건 감정이건 행동이건, 한 가지 습관이 몸에 배었고 이제 그 습관을 변화시키고 싶다면, 재학습의 다섯 단계를 거쳐야 한다. 유감스럽게도 이것은 아무도 건너뛸 수 없다.

생각의 습관을 바꾸는 재학습

—

1. 머리로 이해하기

우리는 신속하게 1단계에 이르렀다. 우리는 우리가 왜 그렇게 기분이 안 좋은지, 또는 왜 그렇게 부적절하게 행동하는지를 알았다. 생각을 어떻게 바꾸어야 하는지도 알았다. 또 우리는 우리의 생각을 점검해보았고 건강한 자세가 어떤 것인지도 알게 되었다.

가령 혼자 시간을 보내고 싶은데도 지금까지는 매번 친구가 만나자고 하면 싫어도 응했다고 하자. 우리가 거절을 힘들어하는 데는 다음과 같은 생각이 깔려 있을 것이다.

'내가 거절하면 그 친구는 상처를 받을 것이고, 다시는 나보고 만나자고 하지 않을 거야. 그럼 난 친구를 잃게 될 테고. 그건 정말 안타까운 일이야.'

우리는 이제 이런 생각을 건강한 사고를 위한 두 가지 원칙으로 점검했고, 다음과 같이 수정했다. '나에게는 친구의 초대를 거절할 권리가 있어. 친구가 나의 거절에 실망한다면 그 또한 감수할 수 있어. 그걸 빌미로 친구가 나와의 우정을 끝낸다면, 정말 유감스럽겠지. 하지만 정말로 그런 일이 일어난다면 우린 진짜 친구가 아니었던 거야. 서로의 필요를 배려하는 친구가 진짜 친구거든. 만약 우정이 깨지면 새 친구를 사귀지 뭐.'

2. 행동으로 옮기기

이제 우리는 친구의 다음번 초대에 이런 깨달음을 실행에 옮겨야 한다. 거절하면서 미안해하거나 장황하게 사정을 설명할 필요도 없다. (그럴 경우 친구가 다시 우리의 결정을 철회할 말미를 갖게 될 수도 있기 때문이다.)

3. 머리와 가슴을 조화시키기

거절하는 것이 별일 아니며, 우리가 거절을 한다 해도 그 친구가 여전히 친구로 남을 것이라는 게 머리로는 분명히 이해되더라도, 가슴으로는 마치 거절하면 친구에게 상처를 주고 친구를 아예 잃어버릴 것 같은 느낌이 든다. 우리의 가슴은 이렇게 말한다.

'안 돼! 친구가 상처받으면 어쩌려고? 그 친구가 다시는 만나자고 하지 않을 거야.'

우리의 머리는 이렇게 말한다.

'아니야. 넌 거절할 권리가 있어. 친구가 슬퍼한다면 유감이야. 하지만 진정한 우정은 서로의 필요를 고려해야 해.'

이제 머리와 가슴의 싸움이 시작된다. 한편으로 이 싸움은 아주 긍정적인 징조다. 그것은 우리가 변화의 길에 들어서 있음을 보여준다. 가슴, 즉 감정이 우리의 새로운 행동에 대해 동의를 해준다면 훨씬 더 간단할 텐데⋯⋯. 하지만 이미 살펴본 것처럼 행동을 조금이라도 변화시키려 하면 감정이 경고를 하도록 되어 있다.

옛 감정은 마치 경고 장치처럼, 다시 한 번 우리에게 묻는다.

'너, 정말 변화를 진지하게 생각하는 거니?'

오래된 감정을 따르면 우리는 결코 변화할 수 없다. 우리는 이 점을 파악하고, 우리가 새로이 만든 입장에 따라 행동할 때에만 변화할 수 있다. 많은 사람들이 일단 두려움을 없애고 나서 새로운 행동으로 나아가기를 원한다. 하지만 일은 그렇게 진행되지 않는다. 더 이상 두려움을 가지고 있지 않은 것처럼 행동해야 한다. 원하던 새로운 감정이 이미 주어진 것처럼 행동하라. 이것이 모토가 되어야 한다.

4. 감정과 생각을 일치시키기

이제 싸움에 거의 이겼다. 우리는 아직 의식적으로 새로운 생각을 해야 하지만, 이미 감정은 생각과 일치한다. 우리는 '제대로 하고 있다'고 느낀다. 이제 양심의 가책 없이 친구의 부탁을 거절할 수 있다.

5. 새로운 습관을 몸에 익히기

자동적으로 건강하고 도움이 되는 생각을 한다. 우리는 새로운 습관을 몸에 익혔다. 우리는 이제 내키지 않을 때마다 부탁을 쉽게 거절할 수 있게 되었다.

건강한 생각을 하려면

1. 1장의 ABC에 건강한 사고를 위한 두 가지 원칙을 적용하라.

자신의 생각이 사실에 들어맞는지, 그 생각이 기분을 좋아지게 하거나 마음을 편안하게 하는지 돌아보라.

2. 부정적인 생각을 하고 있다는 걸 먼저 깨달아라.

부정적인 생각을 수정하여, 사실과 부합하며 자신이 바라는 기분과 행동에 도움이 되도록 생각을 바꾸라.

3. 새로운 생각을 정립하고 그에 맞게 행동하라.

처음에는 뭔가 위선적이고 속이는 듯한 기분이 든다는 것을 받아들이라.

몸과 마음은 함께 간다

오랜 세월 우리의 의학은 몸과 마음을 따로 취급해왔다. 몸은 몸을 다루는 의사가, 정신은 정신과 의사나 심리치료사가 맡아왔다. 그러는 동안 여러 연구를 통해 마음과 몸이 서로 밀접하게 연결되어 있다는 것이 밝혀졌다. 그러므로 이번 장에서 그 둘이 어떻게 연관되는지를 살펴보기로 하겠다.

감정은 몸으로도 표현된다

마음과 몸의 관계는 우리가 사용하는 일상적인 언어에서도 많이 등장한다. 우리는 종종 신체 반응으로 감정을 나타낸다. 가슴이 무너진다, 심장이 철렁한다, 간 떨어지는 줄 알았다, 염장을 지른다, 구역질 난다, 식은땀이 난다, 침이 마른다, 목이 막힌다, 심장이 멎는 듯하다, 간이 콩알만해졌다 등……

우울증에 시달린 적이 있거나, 우울증에 걸린 사람을 본 적이 있는 사람은 몸이 얼마나 우울한 기분에 쉽게 종속되는지를 알 것이다. 우울한 사람들은 목소리에 힘이 없고, 움직임이 둔하고, 기운이 없으며, 표정은 생기 없이 굳어 있다. 자세는 무거운 짐을 진 듯 구부정하고, 시선은 땅바닥을 향한다. 기분이 좋거나 기쁨에 차 있을 때는 이와 반대다. 온 세상을 껴안을 듯 에너지가 넘치며, 생동감 있게 이야기하고, 활발하게 움직이며, 자세가 똑바르고 시선은 당당하게 정면이나 위를 향한다.

몸은 생각에 반응한다
—

생각을 통해 감정이 유발되고, 감정이 몸에 그대로 반영되므로, 생각을 통해서도 몸에 영향을 끼칠 수 있다. 기본적으로 우리는 끊임없이 생각을 통해 몸에 영향을 끼친다.

다음과 같은 작은 실험을 통해 몸과 생각의 상관관계에 대해 확인해보자.

당신 앞에 아주 노랗고 즙이 많게 생긴 탐스런 레몬이 하나 놓여 있다고 해보자. 이 레몬을 손에 들고 냄새를 맡는 것을 상상해보라. 껍질에서 레몬의 시큼한 향기가 난다. 이제 생각 속에서 칼을 들고 레몬을 두 조각으로 잘라보라. 레몬 즙이 배어나오고, 당신은 그 반쪽을 손에 들고 다시 냄새를 맡는다. 이제 신 냄새는 더욱 강렬하다. 이제 그 레몬을 한입 베어무는 상상을 하라.

상황을 그려보았는가? 그러면 다음과 같은 두 가지 신체 반응이 나타났을 것이다.

입에 침이 고이고,
얼굴이 찡그려진다.

이 작은 실험은 생각과 상상이 몸에 영향을 끼친다는 것을 보여준다. 몸은 상상하거나 마음속으로 그리는 일이 마치 실제인 것처럼 반응한다. 즉, 생각하는 것이 현실에 맞는지 아니면 단지 상상인지를 몸도 뇌도 상관하지 않는다. 그리하여 생각과 상상은 그것이 사실이건 아니건 몸에 영향을 끼친다.

걱정스런 생각이나 불길한 환상도 마찬가지다. 뭔가 위험하다는 생각이 들면 근육은 긴장을 하고, 호흡과 심장 박동이 빨라지며, 식욕이 떨어지고, 신체는 싸우거나 도망갈 채비를 갖춘다. 즉, 몸은 생각(뇌)의 명령 수신자일 따름이다.

감정의 ABC는 당신의 신체적 변화에도 적용된다.

A 상황

무슨 일이 일어났는가?

B 평가

긍정적이다. 중립적이다. 부정적이다

C 감정, 신체 반응, 행동

감정이 일어나고, 몸에 변화가 생기고, 행동이 뒤따른다.

보디랭귀지가 생각과 감정을 바꾼다

—

우리는 지금까지 생각과 상상이 몸과 감정에 영향을 끼친다는 것을 살펴보았다. 그러나 또한 보디랭귀지를 변화시키면 감정과 생각도 변한다. 작은 실험을 해보자.

일어서서 당신이 특히 자신 없는 분야를 생각하라. 직업적인 과제나 운동능력 혹은 사적인 일, 그 어떤 것이라도 좋다. 이제 이런 자신 없는 일을 실제로 한다고 상상하라. 동시에 자신감에 넘치는 듯한 동작을 취해보라. 아무도, 아무것도 지금까지 자신이 없었던 일을 하는 것을 막을 수 없다는 듯. 똑바로 서서 심호흡을 여러 번 하고는 시선을 앞쪽으로 향하라. 승자의 미소를 지으라. 어깨를 펴고, 당당하게 가슴을 앞으로 내밀라. 그리고 지금까지 자신이 없었던 일을 다시 생각하라.

승리를 확신하는 보디랭귀지를 통해 생각과 감정이 변했는가? 그랬을 것이다. 대부분의 사람들은 자신감 있는 자세를 취하면 더 자신감을 느끼게 되고, 생각도 '나는 할 수 있다, 나는 해낼 것이다'로 바뀐다.

그 이유는 신체 자세는 그와 어울리는 생각을 유발하고, 생각은 그에 어울리는 신체 자세와 감정을 유발하기 때문이다. 따라서 어느 한 부분을 변화시키면 자동적으로 다른 부분도 따라온다. 몸과 마음은 조화를 이루려는 경향이 있다.

부정적인 감정을 변화시키기 위해 이런 인식을 전략적으로 활용할 수 있다. 당신이 원하는 감정에 합당한 신체 자세를 취하면서, 보디랭귀지로 감정을 조종할 수 있는 것이다. 달리 말해, 보디랭귀지로 이미 기분이 좋아진 것처럼 만들 수 있다. 이런 전략의 좋은 점은 그것이 생각과 감정에 빠르게 긍정적인 영향을 끼치는 아주 단순한 전략이라는 것이다. 그것은 오랜 기간에 걸쳐 힘들여 자신의 감정을 변화시키는 전략이 아니다.

- 의식적으로 친절한 표정을 지으면서 입술에 미소를 띠면, 기분이 좋아지고, 심지어는 환희를 느낄 수 있다.
- 의식적으로 근육을 이완하고 심호흡을 하면 두려움에 맞설 수 있다.

- 허리를 곧추세우고, 자신있는 신체 자세를 취하고, 상대방에게 시선을 맞추고 힘찬 음성으로 이야기하면 더 자신감이 생기고 스스로를 강하다고 느낄 수 있다.

- 큰 소리로 노래하거나 춤을 추면, 더 활기차고 즐거운 기분이 될 것이다.

- 코믹한 영화나 카툰, 유머 등은 절로 기분을 좋아지게 한다.

- 새로운 긍정적인 생각을 소리 내어 또박또박 말하면서 뭔가를 확신할 때 하는 특유의 자세를 취하면 당신은 새로운 생각을 더 확신하게 될 것이고, 재학습의 3단계를 더 쉽게 통과하게 될 것이다.

- 편안한 자세를 취하고 심호흡을 하여 호흡 리듬을 늦추면 현재의 경험에 더 편안히 접근할 수 있어서, 더 창조적이 될 뿐 아니라 더 많은 해결방안이 생각난다.

또한 정기적으로 이완 연습과 운동을 하면 장기적인 변화를 도모할 수 있다.

- 점진적 근육 이완, 자율 훈련법autogenic training, 요가 같은 이완법을 배워 주중에 여러 번 연습하라. 그러면 더 안정되고 낙천적인 기분이 될 것이다.

- 정기적으로 조깅이나 걷기(최소 30분 이상)를 하라. 심혈관계와 혈중 지방 농도, 폐활량, 뇌기능, 근육, 골밀도, 면역력에 긍정적인 영향을 끼칠 수 있다. 또한 산책이나 운동으로 우울증을 예방하거나 치료할 수 있다. 빛과 운동은 행복 호르몬을 촉진하기 때문이다.

음식도 감정에 영향을 끼친다

—

생각과 운동 외에 심신의 상태에 긍정적인 영향을 끼치는 세 번째 중요한 요인이 있다. 그것은 바로 양질의 영양소를 섭취하는 것이다. 잘못된 식생활은 우울, 두통, 피로를 가중시킨다. 이는 두려움과 내적 불안을 강화시킬 뿐 아니라 불면증을 유발할 수도 있다.

그러나 건강한 식생활이란 무엇인가? 전문가들은 수십 년 전부터 그에 대해 토론해왔다. 그러나 이 책에서 식생활까지 구체적으로 살펴볼 수는 없으므로, 몇 가지 짧은 조언만 하고 넘어가겠다.

- 당분과 초콜릿은 기분을 밝게 해준다. 혈당치가 오르고, 엔돌핀 생산이 활성화되기 때문이다.
- 버터, 크림, 소시지 같은 동물성 지방에 주로 들어 있는 포화 지방산 섭취를 절제하는 것은 우울증과 무기력을 극복하는 데 도움이 된다. 대신에 해바라기씨유나 대두유를 사용하면 될 것이다.
- 계란과 고기를 비롯해 단백질을 함유한 음식 및 각종 채소는 세로토닌의 원료가 된다. 세로토닌은 수면 리듬을 조절하고 두려움을 없애준다.
- 탄수화물(국수, 감자, 밥)은 안정감과 편안함을 선사하고 때때로 기분을 밝게 해주며, 즐거움과 행복감을 담당하는 세로토닌 대사에 영향을 준다.
- 충분한 수분 공급(매일 2~3리터의 미네랄워터나 허브차를 마시면 더욱 좋다) 및 계란, 콩, 양배추, 간, 견과류는 집중력과 인지력을 높인다.

영양을 섭취할 때 무엇보다 중요한 것은 음식을 즐기며 먹는 것이다. 다이어트와 온갖 금지규칙은 우리로 하여금 음식에 대한 즐거움을 앗아간다. 가책을 느끼고 자신을 비난하는 마음으로 음식을 먹으면 그 음식의 긍정적인 영향들이 수포로 돌아간다. 영양 면에서 무엇보다 중요한 것은 몸의 소리에 귀를 기울이는 것이다.

- 정말로 배가 고플 때 먹기
- 먹고 싶을 때 먹고, 먹는 것을 즐기기
- 배부르면 그만 먹기
- 충분히 운동하기

상상력을 이용하는 법

앞장의 지시를 따랐다면 당신은 첫 ABC를 만들어 거기에 건강한 생각을 위한 두 가지 규칙을 적용해보았을 것이다. 당신은 이제 불쾌한 상황에 맞서서 어떻게 다르게 생각하고, 느끼고, 행동할 것인지를 알게 되었다. 그리하여 어느 정도 기존의 부정적 사고에 대한 대안이 나왔다. 하지만 이런 대안은 아직 몸에 익숙해지지 않았다. 오히려 그 반대다. 그리하여 당신에게서 나온 첫 반응은 옛날 반응이다. 부정적으로 생각하고 부정적으로 느끼는 것이다. 새로운 사고방식이 자동적으로 몸에 배도록, 건강한 생각을 상상 속에서 체계적으로 연습해야 한다(재학습 2단계).

생각하고 느끼고 행동하고 싶은 대로 상상하라
—

상상 연습은 당신이 어떤 특정한 상황에서 어떻게 생각하고 느끼고 행동하고 싶은지를 상상하는 정신적인 연습이다. 상상 연습의 이점은 일상생활을 하면서 새로운 사고, 감정, 행동양식을 연습할 기회가 없을 때도 상상으로 연습할 수 있다는 것이다. 가령 비행의 공포를 실제 비행기에 탑승함으로써 극복하기는 쉽지 않을 것이다. 그러나 실제로 비행을 하지는 않더라도, 상상 연습을 통해 비행의 공포를 지속적으로 극복할 수 있다.

상상 연습은 엄밀히 말해 새로운 것이 아니다. 두뇌로 생각할 수 있게 된 이래 우리는 이런 종류의 연습을 줄곧 실행해왔다. 불쾌하거나 달갑지 않는 사건을 기억하면서 우울해하고 불안해하고 화가 날 때마다 우리는 속으로 연습을 해왔다. 그로써 그 기억과 감정들을 계속 보존해왔다. 속으로 뭔가 '나쁜 일'을 그리거나 걱정을 할 때마다 당신은 상상 연습을 하는 것이다. 그러면 정확히 그 '나쁜 일'을 지금 막 겪고 있는 듯한 감정이 생겨난다. 우리의 뇌에 상상과 체험은 차이가 없다. 상상도 경험이다.

뇌에 대해 또 하나 알아두어야 할 것은 우리의 뇌는 부정(아니라고 하는 것)을 해독하지 못한다는 것이다. 가령 "파란 북극곰을 생각하지 마!"라고 말한다면 당신의 생각에 가장 먼저 무엇이 떠오를까? 물론 파란 북극곰이다. 비로소 그 뒤에 파란 곰을 생각해서는 안 된다는 것을 기억할 것이다. 그러나 그러고 나면 파란 북극곰 대신 무엇을 상상할 것인지를 힘들여 생각해야 한다. 붉은 북극곰을 상상할까, 파란 고래를 상상할까……? 그것은 시간과 에너지가 많이 드는 일이다.

그 때문에 우리의 생각을 늘 긍정문으로 표현하고, 긍정적인 상을 만드는 것이 중요하다. 따라서 자신이 무엇을 생각하고, 상상하고 말하고자 하는지를 언제나 구체적으로 말하라. '나는 무엇무엇을 하고 싶지 않아, 나는 두려움이나 분노를 느끼고 싶지 않아, 나는 분노하고 싶지 않아' 등의 부정문을 사용하지 말라. 그 대신에 다음과 같이 말하고 상상하라. '나는 침착하게 말할 거야, 나는 자신감 있게 또박또박 안 된다고 말할 거야.'

3장에서 했던 레몬 실험이 기억나는가? 레몬을 깨무는 상상만으로도 실제로 레몬을 깨문 듯한 반응을 자아내기에 충분하다.

영상적 사고, 개념적 사고

영상적 사고에 뛰어난 사람들이 있다. 그들은 무슨 생각을 하면 그것을 상상 속에서 시각화한다. 생각하는 것을 정확히 '눈앞에' 본다. 그들의 머릿속에서는 생각이 거의 영화 필름이 돌아가는 것처럼 보인다. 영상적 사고를 하는 사람들이다.

이런 사람들은 상대적으로 단기간에 뭔가를 습득하는 데 뛰어나다. 하지만 상상력이 풍부한 것이 무조건 좋다고만 말할 수는 없다. 그 상상력을 부정적인 상상에 쓴다면 감정에는 전혀 도움이 되지 않는다. 그러므로 상상력이 풍부한 사람들은 긍정적인 생각과 영상으로 두뇌를 채우는 것이 아주 중요하다.

그러나 이와 반대로 영상보다는 개념적으로 생각하는 사람들이 있다. 그들의 생각에는 상상이나 영상이 크게 동반되지 않는다. 영상적으로 사고하는 사람들의 뇌가 텔레비전처럼 일한다면 개념적으로 사고하는 사람들의 뇌는 라디오처럼 일한다고 할 수 있다.

그러나 영상으로 생각하건 개념으로 생각하건 간에 상상 연습은 감정을 조절하는 데 상당히 유익하다. 단, 개념적으로 생각하는 사람은 영상적으로 생각하는 사람보다 더 많은 시간과 연습이 필요하다.

고속도로에서 중대한 교통사고를 목격하는 것과 그 사고를 라디오로 듣는 것은 다가오는 강도가 전혀 다르다. 그러므로 상상력을 자신의 동맹자로 만드는 것이 중요하다.

상상 연습을 어떻게 할까?

—

상상 연습은 다음처럼 두 단계로 이루어진다.

1. 긴장 이완 연습
2. 원래의 상상 연습

상상 연습을 하기 전에 심신을 이완된 상태로 만들어야 한다. 긴장된 상태에서는 명료한 생각을 하는 것이 어렵거나 아예 불가능하다. 기억과 학습은 긴장 이완 상태에서 훨씬 더 잘 이루어진다. 우리가 소개하고자 하는 심신 이완 연습은 아주 간단해서 모든 사람이 배울 수 있는 것이다. 이 연습은 당신이 평정을 유지하는 데 도움을 줄 것이며, 이 연습을 통해 긴장하고 신경이 곤두선 상태에서 금방 벗어날 수 있을 것이다.

긴장을 이완시키기 위해 다음과 같은 즉석 이완법을 실행해보자. 평소보다 약간 더 깊은 숨을 들이마시라. 숨을 들이마신 후 숨을 참지 말고 다시 내쉬라. 내쉰 다음 6~10초 동안 숨을 참으라. 자신에게 어느 정도의 시간이 적절한지 시험해보라. 속으로 숫자를 세라.

숨을 참았다가 다시 숨을 들이쉰 뒤, 숨을 참지 말고 연속으로 다시 내쉬라. 그러고 나서 다시 6~10초간 참으라. 한결 몸과 마음의 긴장이 풀리고 안정될 때까지 이런 호흡 연습을 2~3분간, 혹은 원하 는 시간만큼 실행하라.

충분히 이완이 되면 다음과 같은 상상 연습을 시작할 수 있다.

- 상상을 통해 다르게 느끼고 행동하고픈 상황으로 스스로를 데려가라. 그 상황에 함께하는 사람이나 물건들도 상상해보라.
- 이제 생각으로 스스로 원하는 감정과 행동에 도움이 되는 말을 하라. 자신이

어떤 기분을 느끼고 싶은가를 그려보라. 어떤 자세를 취하고, 시선은 어디에 둘 것인지, 어떤 표정을 짓고, 어떤 제스처를 취할 것인지, 어떻게 호흡할 것인지를 상상하라.

■ 원하던 행동을 하고, 하고 싶었던 말을 자신이 원하는 억양으로 정확히 말하는 자신을 그려보라.

따라서 상상 연습은 세 부분으로 이루어진다.

1. "나는 이러이러한 상황에 있어."

상황을 설정한다.

2. "나는 이러이러한 생각을 하며 이러이러한 기분이 들어."

기존의 부정적인 상황에 대처하는 대안적 생각을 말하며, 그렇게 생각할 때 어떤 기분이 되고 보디랭귀지(표정, 제스처, 신체 자세, 시선)는 어떨 것인지를 그려본다.

3. "나는 이러이러한 언행을 해."

그런 상황에서 하고 싶은 행동, 하고 싶은 말을 하는 자기 자신을 그려본다.

이런 상황을 가능하면 자주 상상하라. 같은 상황에 대한 상상 연습을 일주일 동안 매일매일 하루 최소 서너 번씩 하라. 진행의 속도를 정하라. 연습을 많이 할수록 빨리 성공할 것이다.

"상상 연습을 하는데 불안한 마음이 들면 어쩌죠?"

그러면 곧장 상상 연습을 중단하라. 호흡 연습으로 다시 심신을 이완시킨 뒤, 상상 연습을 새로 시작하라. 세 번째 호흡 연습을 했는데도 불안감을 떨칠 수 없다면, 혹시 자꾸 치솟아오르는 특정한 부정적인 생각을 무시하는 건 아닌지 점검해보라. 특정한 부정적인 생각에 맞서서 이를 무력화시키지 않았을 수도 있다. 이런 경우 이런 부정적인 생각을 건강한 생각을 위한 두 가지 원칙으로 점검한 다음, 상상 연습을 다시 시작하라. 하지만 상상 연습을 처음 시작할 때 약간 예민해지는 것은 정상적인 일이다.

예를 하나 들어보자. 페터는 다음과 같은 ABC를 만들었다.

A 상황

늦게 들어오겠다는 말을 하지 않은 채 직장에서 좀 늦게 돌아왔는데 아내가 이렇게 말했다. "늦으면 늦는다고 전화라도 했어야지. 당신 때문에 음식이 다 졸았잖아. 이제 당신을 위한 음식 따윈 하고 싶지 않아."

B 평가

아내가 계속 트집이다. 참을 수 없다.

C 감정, 신체 반응, 행동

화가 나고 신경이 곤두서서 저녁 내내 입을 다물고 있다.

이제 페터는 자신의 생각을 어떻게 점검했는가?

A 상황 : 아내가 계속 트집이다.

↳ **이 생각은 사실에 부합하는가?**

그렇지 않다. 아내는 그녀의 생각과 소망을 피력한 것인데, 그것이 내 맘에 거슬렸다. 정성스레 음식을 만들었는데 다 식고 맛이 없어지니 화가 났을 것이다. 하지만 언제나 내게 트집을 잡는 것은 아니다.

↳ **이 생각이 내가 원하는 기분이 되고, 원하는 행동을 하는 데 도움을 주는가?**

그렇지 않다. 그렇게 생각하면 나는 화가 나고, 상처받은 사람처럼 굴게 된다. 나는 그것을 원하지 않는다.

'아내가 계속 트집이야'라는 생각은 따라서 내게 도움이 되지 않는 해로운 생각이다. 그 대신 나는 이렇게 말할 수 있다.

"아내가 실망하고 화가 난 것은 내가 일찍 올 줄 알았는데 늦게 왔기때문이야. 하지만 아내가 화를 냈다고 내 기분까지 언짢아질 이유는 없어. 아무튼 전화를 하지 않은 것은 내 잘못이니까. 평온한 마음으로 아내에게 사과를 해야겠다."

B 평가 : 난 참을 수 없다.

↳ 이 생각이 사실에 부합하는가?

아니다. 그렇게 생각한다면 내가 사실을 과장한 것이다. 나는 아내가 화를 내도 참을 수 있다.

↳ 이 생각이 내가 원하는 기분이 되고, 원하는 행동을 하는 데 도움이 되는가?

그렇지 않다. 내가 그렇게 생각하면 속이 부글부글 끓어오르고 이성을 잃을 것이다.

'난 정말 참을 수 없어' 하는 생각은 따라서 해로운 생각이다. 그 대신 나는 이렇게 말할 수 있다.

"아내가 나의 행동에 대해 화를 내더라도 나는 참을 수 있어. 아내는 화를 내고 내 잘못을 상기시켜줄 권리가 있어. 하지만 내가 그녀의 말에 어떻게 반응할지는 내게 달려 있어. 내 기분은 내가 결정해. 나는 평온하고 내가 때때로 실수를 하는 인간일 따름이라는 걸 새삼 느껴. 다음번에는 전화를 해야지. 그리고 이제 그녀에게 ○ ○ ○라고 말하면서 사과해야지."

페터는 이런 ABC를 계기로 상상 연습을 했다. 그는 상황 A를 상상했다. 그러나 아내가 계속 트집을 잡고 그런 아내의 행동을 더 이상 참을 수 없다고 말하는 대신, 이제 평온을 유지하는 데 도움이 되는 대안적인 생각들을 확실히 했다.

페터는 일주일간 하루에도 몇 번씩 상상 연습을 실행했다. 두 주 후, 아내가 그의 어떤 실수를 지적했을 때, 여전히 화가 나긴 했지만 전만큼 머리끝까지 화가 나지는 않았다. 페터는 곧 한 주간 연습했던 도움이 되는 생각들을 떠올렸고, 그렇게 자신의 감정을 아주 신속하게 통제할 수 있었다. 이런 새로운 시각을 그는 상사로부터 비난을 들었을 때나, 상사가 그에게 잘못을 저질렀을 때 등 다른 상황에도 적용했다. 더 많이 연습할수록 페터는 감정을 만족스럽게 제어할 수 있었다.

"그러니까 '아니면서 그런 척'하라는 말인가요?"

그렇지 않다. 상상 연습은 다른 생각과 감정과 행동에 이르는 간단하지만 아주 효과적인 방법이다. 상상 연습은 새로운 시각과 능력을 습관화하게 해준다. 이런 의식적인 연습이 처음에는 약간 억지스럽게 느껴질지라도, 이 방법은 기존의 생각과 감정의 습관들로부터 벗어나는 가장 빠른 길이다.

일상에서도 상상 연습을 하라

—

상상으로 원하는 기분과 원하는 행동에 이르렀다면 이런 새로운 시각들을 실전에 적용하는 것이 중요하다. 예전에는 낯선 사람을 만나는 것이 아주 불편하고 두려웠다면 이제 한 주에 세 명의 새로운 사람을 알아가는 것을 목표로 삼으라. 누군가와 특정 주제에 대해 침착하게 이야기하는 것이 어려웠다면, 토론할 친구를 찾아 침착하게 의견을 피력해보라.

즉, 새로운 사고와 감정과 행동방식을 이제 일상에서도 연습하라는 것이다. 지금까지 피했던 바로 그것을 하라. 주눅들고 부담스러웠던 바로 그것을 하라. 다음 장에서 실전 연습에 관한 더 구체적인 조언을 얻게 될 것이다.

상상으로 건강한 생각을 이끌어내다

—

1. 건강한 사고를 위한 두 가지 원칙으로 수정한 새로운 ABC를 손에 들라.

한 주간 하루에 서너 번씩 상상 연습을 하라. 그전에 긴장을 이완시키는 것을 잊지 말라.

2. 나쁜 영상이나 환상이 상상 연습을 가로막으면 곧장 '그만'이라고 외치며 이를 중

단시키라.

소리 내어 크게 혹은 속으로 '그만!'이라고 외치면서, 나쁜 이미지들이 사라질 때까지 그것을 저지하라.

3. 상상력과 동맹을 맺으라.

가령 강연을 하고 싶은데, 그에 대한 두려움이 있다면 긍정적인 상상 연습을 하라. 자신이 청중 앞에 서 있는 것을 상상하며, 어떤 자세로 서 있거나 앉아 있고 싶은지를 그려보라. 당당하고 침착하게 청중을 쳐다보며 청중과 눈길을 주고받는 자신의 모습을 그려보라. 강연을 이끌어나가고, 성공적으로 마무리하는 모습을 그려보라.

4. 긴장감이 느껴질 때마다 즉석이완법을 사용하라.

몸이 충분히 이완될 때까지 앞서 말한 호흡 연습을 원하는 시간만큼 실행하라.

5. 지금까지 연습했던 ABC를 손에 들고, 새로운 행동을 실행에 옮기라.

당신의 생각이 사실에 부합하는지, 당신이 원하는 기분이 되고 원하는 행동을 하는 데 도움을 주는지 돌아보고 또 돌아보라.

V

SELF-HELP
GUILT
EMOTIONS
RELATIONSHIPS
MINDSET

∧

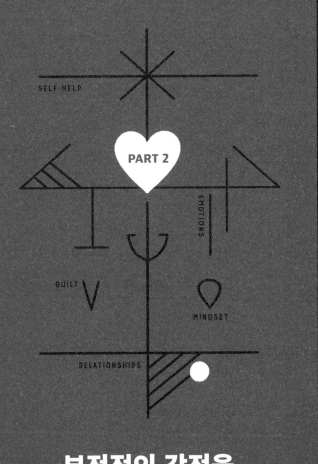

SELF-HELP

PART 2

EMOTIONS

GUILT

MINDSET

RELATIONSHIPS

부정적인 감정을
다스리는 법

05

"나는 다른 사람들처럼 예쁘지도 똑똑하지도 않아."
─열등감에 종지부를 찍는 법

돈으로 살 수도 누군가로부터 받을 수도 없지만, 인생을 살아가는데 가장 가치 있는 것이 있다. 바로 자존감이다. 그 말 자체로 알 수 있듯, 이런 선물은 자신이 자기 자신에게 줄 수밖에 없다.

미카엘라는 22세다. 그녀는 여러 가지 문제를 안고 우리를 찾아왔다. 우울증이 심하고, 죽고 싶은 생각이 들며, 마음먹은 일을 행동에 잘 옮기지 못하며, 자신감이 없고 툭하면 얼굴이 붉어진다. 모든 문제는 열네 살 때 시작되었다. 당시 미카엘라는 외모에 콤플렉스가 있어서 특히 동년배들과 만나기를 꺼렸다. 나중에 직장에서 남자 동료들과 함께 일하면서도 그들과 제대로 대화조차 할 수 없었다. 남자가 그녀에게 관심을 보이면 거부하거나, 그가 가까이 올 수 없도록 거리를 두었다. 그렇다고 미카엘라가 교제를 원치 않아서 그런 것은 아니었다. 미카엘라도 남자친구를 원했다. 하지만 그 남자가 자기를 거부할까 봐, 자신이 아주 열등하고 매력없는 사람이라는 것이 들통날까 봐 두려워하는 마음이 더 컸다. 그녀는 자신이 그처럼 다른 사람을 거부하는 태도를 이렇게 정당화했다. '그는 더 나은 여자를 찾지 못했을 뿐이야', '그는 그저 지금 외로운 나머지 아무 여자에게나 치근덕거릴 뿐이야.' 미카엘라는 이런 식으로 남자와의 모든 관계를 차단했고, 그 대가로 외로움에 떨어야 했다.

자기 자신을 존경한다는 것
—

그것은 누구나 가지고 있는 크고 작은 잘못과 결점 들과 상관없이 스스로를 가치 있고 호감이 가는 사람으로 생각하는 것을 의미한다. 외모와 성공과 사람들의 인정과 상관없이 자신을 인정하고 받아들이는 것이다. 자신을 존경한다는 것은 또한 스스로를 책임지고, 스스로의 잘못을 책임지며, 스스로 자신의 편이 되어주는 것을 의미하기도 한다. 그것은 잘못이나 결점 때문에 스스로를 비하하거나 비난하지 않을 때에 가능하다.

진정한 자기 존중은 자기애(이기심, 나르시시즘)와는 관계가 없다. 자아도취에 빠진 공작새처럼 뻐기면서 자기 생각만 하고 다른 사람들을 무시하는 것이 아니다. 그것은 거울을 보면서 "거울아, 거울아, 세상에서 누가 가장 아름답고 괜찮다고 생각하니?"라고 묻는 것이 아니다. 그것은 다른 사람 앞에서 자신이 얼마나 멋진 사람인지를 과시하는 것이 아니며, 스스로 자만하면서 끊임없이 자신을 드러내려고 애쓰는 것이 아니다. 미국의 심리학자 W. 다이어는 언젠가 "스스로를 존경하는 것은 스스로와 은밀한 사랑의 관계를 맺은 것이다"라고 말한 바 있다.

자기 자신을 싫어하는 이유

우리가 우리 자신을 싫어하는 이유는 무척이나 많다. 키가 너무 크거나 너무 작아서, 너무 뚱뚱하거나 너무 말라서, 머리숱이 너무 많거나 너무 적어서, 많이 배우지 못해서, 성공하지 못해서, 주변 사람들에게 인정받지 못해서, 피부색이 마음에 안 들어서, 신체적인 장애가 있어서. 신체적인 질병이 있어서 등등…….

우리를 찾아온 모니카는 자신이 스스로를 열등하고, 다른 사람보다 뒤처진다고 느끼는 이유를 이렇게 나열했다.

- 자신을 제대로 변호할 수 없어서
- 의견을 제대로 주장할 수 없어서
- 사람들이 나를 어른으로 봐주지 않을 것 같아서
- 사람들이 나를 우습게 여길 것 같아서
- 아무도 내게 개인적인 문제를 상의하지 않아서
- 다른 사람들처럼 친절하고 자애롭고, 이해심 많게 보이지 않고, 깐깐해보여서

- 아는 게 별로 없다 보니 대화에 끼지 못해서
- 다른 사람들은 모든 것을 더 잘 알고, 더 똑똑하고, 더 현명한 것 같아서
- 뚱뚱해서
- 다른 사람들처럼 멋진 직업이 있거나 공부를 하고 있지 못해서
- 다른 사람의 뒤치다꺼리나 하는 청소부라서
- 다른 사람들이 나의 이런 생각을 알고 나를 무시할 것 같아서
- 여자라서

이처럼 모니카는 자신을 여러모로 평가절하하고 있었는데, 그런 생각으로 머릿속이 꽉 채워져 있으니 어찌 우울하지 않을 수 있겠는가! 모니카는 3년 동안 심리치료를 받으러 다녔으나 전혀 나아지지 않았다. 놀랄 일도 아니다. 심리치료사가 그녀의 이야기를 들어주기만 하고 아무것도 하지 않았으니 말이다. 모니카는 단 한 번도 자신의 열등감을 문제 삼지 않은 채 줄곧 열등감에 사로잡혀 있었으므로, 조금도 변화할 수가 없었다. 모니카는 이제 열등감의 배후를 캐물었고, 자신이 그렇게 열등감을 느낄 타당한 이유가 없다는 것을 깨달았다. 그로써 우울증에서 벗어나는 첫 발걸음을 내디딜 수 있었던 것이다. 물론 아직 스스로를 비하하는 부정적인 습관들을 극복하는 데 몇 달은 더 걸릴 것이다. 그러나 첫 단추는 이미 끼워졌다.

자기 자신을 싫어하는 사람들은 모두 스스로의 등급을 매기는 기준을 가지고 있다. 그들은 그 기준으로 한 인간을 판단하는 것이

정당하며, 다른 사람들도 자신을 그 기준으로 보고 판단하리라고 확신한다. 그 결과 다른 사람들이 자신이 열등하다고 느낄 수 있는 기회들을 되도록이면 피하려 한다. 다른 사람들과 함께 있으면 쉽게 불안해지고 주눅이 든다. 이런 사람들이 저지르는 중대한 실수는 그들의 행동이나 외모, 기타 특성을 자신의 인간됨과 동일시하는 것이다. 여드름이 있거나, 매부리코이거나, 이가 드문드문 나 있으면 스스로를 열등한 사람으로 생각한다. 뭔가 좋지 않은 행동을 하면 스스로를 나쁜 사람으로 여기고, 야비한 행동을 했다고 느껴지면 스스로를 야비하고 혐오스런 사람으로 여긴다. 인간으로서 갖는 가치와 자신의 행동을 분리시키지 않고, 두 가지를 한통속으로 여긴다.

어떤 시험에 떨어졌을 경우 자신의 능력이 그 시험을 통과할 만큼 되지 않는다고 말하는 것은 옳다. 그러나 그 때문에 스스로를 실패자라고 부르거나 열등하다고 여기는 것은 비이성적인 일이다. 자신의 행동을 그 자체로 판단하고, 그 행동을 좋다 나쁘다 평가하는 것은 옳다. 그러나 자신의 행동에 대한 판단을 자신의 인격과 인간으로서의 가치로까지 확대시키면 안 된다. 실수를 했다고 인생의 실패자가 되는 것은 아니다. 그렇게 판단하는 것을 중단하라. 어떤 행동의 가치를 인간으로서 자기 자신이 지니는 가치와 분리하라. 행동에 대해 판단하라. 그러나 당신이라는 인간 자체에 유죄 판결을 내리지 말라. 실수와 약점을 제거하는 것이 가능하다면 그렇게 하라. 그러나 자신의 약점을 제거할 수 없다면, 자기 자신을 실수하는 인간으로 받아들여라. 그러나 자신에게 유죄 판결을 내리지는 말라.

완벽한 사람은 없다

정원에 사과나무가 있다고 하자. 가을에 사과가 열릴 무렵, 이 나무에 달린 사과 중 한 줄 전체가 벌레가 먹어 썩어 있는 걸 발견했다. 그러나 그 옆에는 아주 먹음직하고 탐스러운 열매들이 달려 있다. 그렇다면 이제 당신은 그 나무를 열등하다고 생각할 텐가? 과일 중 일부가 썩었다고 하여 그 나무를 베어 없애버릴 텐가? 아마도 그렇지 않을 것이다. 좋은 열매들을 수확하고, 내년에는 다 익을 때까지 열매가 썩지 않도록 하는 방법을 모색할 것이다. 당신의 이웃이 과일 중 일부가 썩었다고 당장 사과나무를 베어버린다면 그 이웃을 어떻게 생각할 것인가? 그의 행동이 옳았다고 동의할 것인가? 아니면 속으로 '그런 일로 나무를 베어버리다니 머리가 어떻게 된 거 아니야? 으레 좋은 열매도 맺히고, 나쁜 열매도 맺히고 그런 거지'라고 생각할 것인가?

이런 예를 자신에게 적용해보라. 당신은 사과나무다. 당신은 몇몇 잘못과 약점을 가지고 있다. 누구도 완벽한 사람은 없다. 그러니 자기 자신에게 완벽을 요구해서는 안 된다. 어떤 일에 실패했다고 해서, 자신에 대해 단번에 사형선고를 내리지는 말라. 대신 '썩은 사과의 수를 어떻게 줄일까'를 생각하고, 좋은 사과를 수확하는 것을 즐기라. 물론 그 모든 것은 당신의 주변 사람들에게도 해당된다. 친구가 싫은 소리를 했다고, 그가 못되고 야비한 인간인 것은 아니다. 그의 행동이 야비하고 나빴을지는 몰라도, 그의 전 인격이 그런 것은 아니다. 아이들이 말을 듣지 않는다고 그 아이가 나쁜 아이는 아니다. 말을 듣지 않는 행동만이 나쁜 것이다. 아이들에게 '그렇게 행동하면 넌 정말 별 수 없는 아이야'라는 식으로 말해서는 결코 안 된다. 부모가 이런 식으로 말하면, 아이들은 자신이라는 인간 자체를 불신하고, 당신과 똑같은 실수를 저지르게 된다. 즉, 자신의 가치를 자신이 한 행동으로 판단하는 법을 배운다는 뜻이다. 그리하여 아이들은 스스로를 열등하게 여기며, 뭔가 좋지 않은 행동을 하면 스스로를 무시하는 법을 배운다. 싸잡아 말하는 대신에 이렇게 말하라. "나는 그런 행동을 좋아하지 않아. 네가 그렇게 행동하는 것을 그냥 보고 있을 수만은 없어. 나는 너를 좋아하고 너를 사랑해. 하지만 그런 행동은 고쳐야 해."

아이들은 이해할 것이다. 당신은 이런 말로 당신이 아이를 기르는 데에서 의도한 것을 이룰 수 있다. 그럼에도 종종 나쁜 행동 때문에 아이의 인격까지 비난했다면, 스스로 자신의 그런 실수를 용서하라. 그런 실수만이 나쁜 것이다. 그럼에도 당신은 여전히 사랑스럽고 자애로운 아버지이고 어머니이다.

모든 것은 자기 자신을 사랑하는 데에서 출발한다

—

스스로를 열등하거나 가치 없다고 여기는 사람들의 행동방식은 매우 상이하다. 다른 사람들에게 약점을 들키지 않으려고 아무 일도 벌이지 않거나, 스스로 완벽해지고 성공하고자 힘든 노력을 감수한다. 완벽주의자들은 대부분 성공한다. 그러나 성공을 자랑스럽게 여기고 자신을 높이 평가하는 대신, '운이 좋았을 뿐이야', '우연이야' 등의 겸손한 발언을 하며, 계속해서 열등한 자기 자신을 확인한다. 반대로 다른 사람들에게 열등한 자신을 들키지 않으려고 수동적인 자세를 취하는 사람들, '난 못해, 난 너무 ○○○해'라고 말하면서 과제 앞에서 주눅이 드는 사람들은 성공하는 일이 당연히 별로 없다. 그러면 그들은 성공하지 못한 상태가 자신의 열등함을 증명하는 것으로 여기고 계속 열등감에 시달린다.

스스로를 열등하게 여기는 사람들은 낮은 자존감 때문에 혹독한 대가를 치른다. 크게 성공한 사업가도 거기에 속한다. 그는 스스로와 타인에게 자신이 역시 대단하다는 것을 계속 증명해야 하기에 건강을 망친다. 배우자와의 이별을 극복하지 못하고 우울증에 빠지는 여성도 여기서 벗어나지 못한다. 그녀는 남편이 없으면 자신은 아무것도 아니라고 생각한다. 실업자라는 치욕을 견디기 힘들어 자살을 택하는 사람도 예외는 아니다. 상사가 부르거나 전화벨이 울리면 가슴이 콩닥거리는 비서도, 거부당할 것이 두려워 자신의 담당이 아닌 일까지 모두 떠맡아 심신을 혹사하는 여직원도 마찬가지다. 현실을 극복하기 힘들어 약물에 빠진 청소년, '누가 나 같은 사람을 좋아하겠어?' 하는 생각 때문에 외롭고 고독한 수많은 사람들, 두려움과 우울로 점철된 삶을 살아가는 무수한 사람들도 모두 이 범주에 들어간다.

스스로를 열등하게 여기는 사람들은 주변 사람들의 행동을 종종 오해한다. 그는 모든 것을 자신의 필터를 통과해서 본다. 그들에게 주변 사람들의 모든 행동이 '나는 괜찮은 사람이 아니라는 것'을 확인시켜주는 것으로 보인다.

모니카는 엄마가 자신을 이해하지 못한다고 탄식했다. 그게 무슨 말이냐고 묻자 모니카는 "엄마는 내가 못생기고 멍청하다는 걸 도무지 인정하려고 하지 않아요"라고 답했다.

클라우디아는 아무도 그녀를 좋아하지 않는다고 말했다. 그것이 무슨 말이냐는 우리의 질문에 "내가 길에서 누군가를 쳐다보면 그는 시선을 돌려버려요"라고 대답했다.

모니카와 클라우디아의 문제는 주변 사람들이 그런 이유로 그렇게 행동한 것이 아니라는 생각을 하지 못하는 것이다. 모니카는 스스로를 못생기고 멍청하다고 생각하기 때문에, 모두가 자신을 그렇게 생각할 거라고 여긴다. 행여 다른 사람들이 자신에게 다정하고 상냥하게 대하면 그들이 자신에게 상처를 주지 않으려고 일부러 그러는 것이라고 생각한다. 클라우디아는 사람들이 종종 수줍거나 소심하여 다른 사람들의 눈을 쳐다보지 않는다는 것을 생각하지 못한다. 그녀는 다른 사람들의 모든 행동을 자신을 거부하는 행동으로 해석한다.

스스로를 받아들이지 않는 한
주변 사람들은 적이나 위선자로 다가온다.
스스로를 받아들일 때
비로소 다른 사람의 사랑과 인정을 받아들일 수 있다.

스스로를 존경하지 않는 한 다른 사람들도 당신을 존경할 수 없다. 또한 스스로를 존경하지 않으면서 다른 사람을 존경할 수는 없다. 성경은 '네 이웃을 네 몸과 같이 사랑하라'고 말한다. '네 대신 네 이웃을 사랑하라'거나 '너보다 이웃을 더 많이 사랑하라'라고는 말하지 않는다. 따라서 자기를 사랑하는 것은 남을 사랑하는 데 있어 전제가 된다. 모든 것이 스스로를 좋아하는 데에서 출발한다. 그래야 이웃을 자기 자신처럼 사랑하고 존경하라는 요구도 할 수 있다. 다른 사람들을 정말로 사랑할 수 있으려면 자기 자신을 먼저 사랑해야 한다. 스스로를 좋아하지 않고 스스로를 거부하는 사람은 주변 사람을 진정으로 사랑하고 받아들일 수 없다. 자기 자신을 사랑하지 않고는 이웃도 사랑할 수 없다.

당신의 몸매에 불만이 있는가?

—

당신은 아침마다 거울을 보며 "오늘은 또 이게 왠 몰골이람" 이라고 탄식하며, 저울 위에 올라가 몸무게를 달아봄으로써 하루를 시작하는 사람인가? 안 해본 다이어트가 없고, 주름제거 크림과 노화방지 크림 이름을 줄줄이 꿰고 있는가? 그렇다면 당신은 즉석에서 당신의 신체적인 '결점'들을 줄줄이 나열할 수 있을 것이다. 당신의 몸은 불가피하게 끌고다닐 수밖에 없는, 마음에 들지 않는 가방처럼 느껴질 것이다.

당신은 언젠가부터 당신의 몸을 추하고 경멸스러운 것으로 여기기로 결정했다. 언젠가 다른 사람들이 당신에게 상처가 되는 말을 했는지도 모른다. 당신이 당신 자신의 외모를 마음에 들지 않아하게 되었는지도 모른다. 광고나 잡지에 나오는 모델이나 연예인과 자신을 비교하고 자신이 통용되는 아름다움의 기준에 부합하지 않는 걸 깨달았을 수도 있다. 젊을 때는 자신의 외모에 만족했는데, 주름과 흰머리가 늘어가고, 기미가 끼고, 신체적인 한계를 깨달으면서 자신의 몸을 거부하게 되었는지도 모른다. 무엇 때문에 그렇게 되었는지는 여기서 말할 것이 못 되지만 분명한 것은 자신의 외모에 불만을 느끼고, 그런 불만을 안고 가는 것은 바로 당신 자신이라는 점이다. 당신은 외적인 미의 기준을 자신의 기준으로 삼고, 자신의 몸을 그 기준으로 평가한다. 자신의 얼굴이나 가슴, 엉덩이 또는 다른 신체부위를 다른 사람들과 비교하는 것은 도움이 될지 해가 될지 모르는 중립적인 행동이다. 그것이 해로운 것은 그 비교 결과가 좋지 않아, 스스로 자신의 외모에 만족하지 못하게 될 때다. 그 결과 몸을 이리저리 조작하고, 다이어트와 지사제, 식욕억제제 등으로 몸을 학대하고, 지나친 운동으로 몸을 혹사시키며, 자신의 몸을 거부하거나 돌보지 않게 된다. 값비싼 옷을 사입는 것으로 자신의 몸에 대한 불만을 잠재우려 하고, 다른 사람 앞에 나서는 것이나 성적 접촉을 피하고, 성형수술을 할지도 모른다. 이런 상태에서는 성적인 욕구가 반감되고, 식사의 즐거움을 마음껏 누리지 못하며, 운동을 즐기지도 못한다. 열등감과 치욕과 우울증에 시달리고, 식이장애가 찾아올 수도 있다.

중요한 것은 당신이 정말 그런 대가를 치르고 싶은가 하는 것이다. 외모를 가꾸려는 모든 노력이 나쁘거나 해로운 것은 아니다. 중요한 것은 이런 행동의 배후에 있는 동기다. 그 모든 노력이 더 기분이 좋고, 더 건강해지고, 더 나은 신체를 만들고자 하는 것인가? 아니면 당신의 외모가 싫고, 근본적으로 모습이 달라질 때에야 비로소 자신의 몸을 사랑할 수 있어서 그러는 것인가?

신체와 외모에 영향을 끼칠 수 있는 몇몇 가능성들이 있기는 하다. 의욕과 재미가 있는 한 당신은 운동을 하고, 건강한 식사를 하고, 충분한 관리를 해주어야 할 것이다. 그러나 그렇게 해도 신체의 특징들을 바꿀 수 없다면, 그에 대한 입장을 바꾸는 편이 낫다. 다른 사람

들이 당신의 몸매를 아무리 칭찬한다고 한들 그것에 만족하는가 아
닌가는 당신의 문제다. 그것은 당신 자신만이 할 수 있다.

성형수술이나 아름다운 몸매로 만들어주는 신비한 요정 없이도
당신은 자기 외모에 만족감을 느낄 수 있다. 외모 자체는 당신의 만
족감에 그리 중요한 역할을 하지 않는다. 자신의 외모와 자신의 신
체를 독특한 것으로 인정하라. 그런 외모를 가진 사람은 이 세상에
당신 하나뿐이다. 이런 외모와 이런 신체를 적으로 볼 것인지, 친구
로 볼 것인지는 당신의 선택에 달렸다.

긍정적인 자존감에 이르기 위하여
—

1. 무능력하다, 가치 없다, 바보다, 실패자다, 멍청하다, 매력 없다, 쓸모없다 등 자
신에 대해 부정적인 말을 하는 것을 삼가라.

당신이 다른 사람에게 무슨 말을 할 때는 정확히 어떤 말이 필요한
지 생각할 것이다. 좋아하는 사람에게는 부정적이고 비하하는 말을
하지 않을 것이다. 자신에게도 그렇게 하지 말라. 자신을 가장 좋아
하는 친구를 대하듯 아주 다정하고 따뜻하게 대하며 관용을 베풀라.
한 인간의 가치를 판단하는 일반적인 기준은 없다. 사람은 누구나
실수를 하고 약점이 있다. 그러므로 불완전하더라도 스스로를 인정
하라. 스스로 실수를 저지르고 결점이 있는 존재임을 인정하라.

2. 행동과 인격을 분리하라.

멍청한 행동을 했다고 해서 그 사람이 멍청한 것은 아니다. 좋지 않은 행동을 했다고 나쁜 사람인 것은 아니다. 행동은 개선하려고 하되, 자신의 인간 됨됨이를 문제 삼지는 말라. 한 가지 혹은 몇 가지 잘못으로 당신의 인간 됨됨이가 문제시되는 것은 아니다. 지금 저지른 잘못은 순간적인 실수일 뿐이다. 이런 잘못은 그 순간의 당신을 보여줄 뿐이다. 과거와 미래는 그에 해당되지 않는다.

3. 잘한 일을 스스로 칭찬하라.

스스로를 칭찬하는 것에 너무 야박하게 굴지 말라. 최소한 하루 한 번은 자기 자신을 칭찬하라. 오늘 하루 해낸 일에 대해 자신을 칭찬하라. (스스로에게 야박하여) 그런 일을 찾지 못하겠거든 뭔가를 하려고 애쓴 것에 대해 스스로를 칭찬하라.

4. 지금까지 스스로를 거부하고 비난했던 이유들을 열거해보라.

그중에서 어떤 잘못과 결점을 버릴 수 있을지 살펴보라. 자신 없고 주눅 들어 있는가? 그러면 주저와 불안을 제거하라. 이 책의 도움을 받는다면 해낼 수 있을 것이다. 주변에서 좋은 자기계발 프로그램을 찾을 수도 있을 것이다. 이런 방식으로 차츰 차츰 능력들을 키워가면서 약점을 강점으로 바꾸라. 당신은 무한한 학습능력을 가지고 있음을 기억하라.

5. 자신의 장점과 능력을 최소 열 가지 열거하라.

열 가지는 많은 것이 아니다. 또한 자기만이 가지고 있는 뛰어난 특성이 아니어도 된다. 가령 이렇게 적을 수 있다. "나는 남의 말을 잘 들어줘. 나는 다른 사람들을 배려하려고 노력해. 나는 사무실에서 최선을 다해 일해. 나는 테니스를 잘 쳐. 나는 매일 저녁 아이들에게 동화책을 읽어줘……." 매일 리스트를 훑고, 뭔가 새로운 점이 생각나면 그것을 추가하라. 부정적인 리스트는 누누이 외우고 있을 테니 새삼 상기할 필요가 없다.

6. 몸과 평화조약을 체결하라.

신체조건 중 마음에 드는 것을 생각하며 그에 감사하라. 마음에 들지 않는 부분들은 자신의 것으로 시인하라. 이런 장단점이 조합되어 당신을 이룬다. 몸에게 '네가 나와 함께해주니 좋다. 나는 너를 돌보고 너를 있는 그대로 받아들이련다'라고 말하라.

7. 최소 30일 동안 매일 한 번씩 다음 글을 읽으라. 스마트폰에 녹음해서 자주 들으면 더욱 좋을 것이다.

"나는 인격적인 존엄성을 가진 인간이다. 나는 있는 그대로 괜찮은 사람이다. 내가 무엇을 하든 그 사실은 변하지 않는다. 실수를 저지를 때도 있고, 잘할 때도 있다. 그러나 내가 무얼 하든 나는 똑같은 사람이다. 나는 불완전한 사람으로서 살아가면서 때로 잘못을 저지를 것이다. 그리고 그럴 때마다 다음번에는 그러지 않도록 조심할 것이다.

나는 매사를 좀 더 잘하기 위해 노력할 것이다. 하지만 그런다고 내가 더 나은 인간이 되는 것은 아니다. 실수를 한다고 나쁘거나 열등한 인간이 되는 것은 아니다. 나는 모든 것을 다 알 수 없다. 모든 것을 다 아는 사람은 없다. 실수를 하는 것은 인간의 특징이고 나는 인간이다. 나의 실수는 나의 가치를 손상시키지 않는다.

나는 계속해서 실수를 할 것이다. 그럴 수밖에 없다. 나는 내 불완전성을 인정한다. 나는 실수하는 인간이지만, 다른 사람들 못지않은 가치가 있는 괜찮은 인간이다.

나는 다른 사람을 대하듯 나 자신에게 친절하게 대할 것이다. 다른 사람보다 나를 함부로 대할 이유가 없다. 내게 잘해주는 것이 좋은 중요한 이유가 있다. 나를 존중해서 내가 더 기분이 좋으면 다른 사람들에게도 더 잘해줄 수 있다. 그리하여 나는 스스로를 칭찬하고 다른 사람들에게 해주는 긍정적인 말들을 나 자신에게도 할 것이다. 나는 잘한 일들과 내가 행한 가치 있는 일들을 의식할 것이며, 내가 감사할 수 있는 것들을 늘 의식할 것이다. 그렇게 하면 나는 더 기분이 좋고 다른 사람의 기분도 덩달아 좋아질 것이다.

나는 나의 외모를 있는 그대로 받아들일 것이다. 다른 사람들이 그에 대해 뭐라고 생각하고 말하건, 그건 그들의 개인적인 의견일 따름이다. 내 몸은 독특하고, 나만의 것이며, 나의 돌봄과 존중을 받는 것이 마땅하다. 마음에 드는 부분을 나는 늘 기억하며 삼사할 것이다. 그리고 마음에 들지 않는 부분도 나의 것으로 인정할 것이다.

과거는 지나갔다. 나는 과거를 되돌릴 수 없다. 과거에 내가 저질렀던 일 중 몇 가지는 후회한다. 또 내게 일어났던 몇 가지 일은 마음에 들지 않는다. 하지만 나는 그것들을 더 이상 변화시킬 수 없다. 가장 좋은 것은 과거를 인정하는 것이다. 나는 나의 과거를 자초했다. 하지만 과거가 나를 규정하지는 않는다. 현재 내게 있는 유일한 것은 지금 이 순간이다. 내 마음에 들지 않는 일이 일어나도 나는 모든 일을 내 맘대로 할 수 없음을 기억하면서 그것을 받아들일 것이다. 내가 변화시킬 수 있는 유일한 것은 현재의 내 감정이다. 나는 내가 어떤 기분으로 있을 것인지를 정한다. 그리고 내 삶의 다른 것들을 변화시킬 수 있다면, 나는 기꺼이 그렇게 할 것이다.

다른 사람들은 스스로 자신들의 기분을 정한다. 다른 사람들이 어떻게 생각하고, 느끼고, 행동하든 내겐 책임이 없다. 무엇을 할 것인지, 어떻게 느낄 것인지를 결정하는 것은 그들 자신이다. 내 삶에서 가장 중요한 사람은 나 자신이다. 내가 나의 삶을 좌우하기 때문이다. 내가 무엇을 하든지, 설사 많은 실수를 한다 해도, 나는 나 자신을 인정하고 받아들일 것이다."

"그런 일이 일어나면 정말 끔찍할 거야."
—두려움을 극복하는 법

구드룬은 32세다. 그녀가 우리를 찾아온 것은 일 년 전부터 심한 공포감에 시달려서였다. 외출하는 것도 무섭고, 다른 사람들을 대하는 것도 편치 않았다. 외로울까 봐, 실패할까 봐 두려웠다. 구드룬은 계속해서 정신적인 불안과 긴장과 패배감을 느꼈다. 종종 심장이 두근거리고 현기증이 나고 공포감이 찾아왔으며, 식은땀이 나고 몸이 떨렸다.

구드룬은 한동안 알약으로 버텼다. 그러는 동안 주변 사람들 그 누구도 구드룬의 상태를 눈치 채지 못하고 있었다. 그러나 일상생활을 영위하기 위해 더 많은 알약에 의존하게 되자, 구드룬은 이러다 약물 중독이 되는 것이 아닌가 덜컥 겁이 나서 자신을 엄습하는 공포의 원인을 알아내기 위해 우리를 찾아왔다.

구드룬은 일상을 자신의 생명을 위협하는 위기상황으로 보고 있었다. 그녀는 끊임없이 신경을 곤두세우고, 긴장을 놓치지 않으며 산다. 공포를 느끼는 신체능력은 계속 과부하가 걸려 공포는 그녀에게 만성 질병이 되었다.

구드룬 외에도 세상의 많은 사람들이 공포에 시달리며 살고 있다. 거절당하는 것에 대한 두려움, 실패에 대한 두려움, 암에 대한 두려움, 외로움에 대한 두려움, 미래에 대한 두려움, 엘리베이터에 대한 공포, 강아지에 대한 공포, 비행에 대한 공포, 공포에 대한 공포 등에 시달린다.

두려움은 사람을 옥죄고, 부자유스럽게 만든다. 공포는 인생의 중요한 결정에 영향을 미치고, 만성 신체장애를 초래하기도 한다.

두려움은 위험에 대한 경보
—

두려움은 감정이다. 모든 사람이 두려움을 느낄 수 있다. 두려움은 생명 유지에 도움이 되며, 대부분 후천적으로 습득된다. 가령 부모님들은 우리에게 지나가는 자동차, 불, 전기, 유독한 식물, 불독 등에 대한 두려움을 가르치기 위해 애썼다. 부모님은 잔소리와 벌로 우리의 생명에 위험한 것들을 가르쳤다. 부모님은 우리 삶의 모델이다. 우리는 부모님에게서 두려움을 배웠다. 두려움은 우리에게 생명에 위험한 행동이나 상황을 피하거나, 그로부터 도망치게 하는 정신적인 경보신호다. 대부분의 경우 공포는 떨림, 어지러움, 안면 홍조, 긴장, 가슴 두근거림, 구역질, 오줌소태, 호흡장애 등과 같은 신체변화를 동반한다. 두려움은 감정의 ABC에 따라 생겨난다.

🅰 상황

밤늦게 어둠 속에서 집으로 달려간다. 뒤에서 한 남자가 달려온다.

🅱 평가

저 사람이 나를 덮치려 한다고 생각한다. 위험하다!

🅲 감정, 신체 반응, 행동

두려움을 느낀 나머지 숨이 가빠지고 걸음을 더 재촉한다.

뭔가가 우리를 위협하며 다가오면, 우리의 몸은 자동적으로 그 즉시 긴장하고 신경을 곤두세운다. 심장 박동과 호흡이 빨라지고, 근육이 긴장되며, 손에 땀이 나고, 얼굴이 새빨개지거나 창백해지고, 혈압이 오르고, 속이 더부룩해진다. 우리는 소위 '투쟁' 또는 '도망'을 위해 모든 힘을 결집시킨다. 중요한 것은 살아남는 것이다. 우리는 정신적·신체적 준비를 갖춘다.

두려움은 인간의 능력을 고양시킨다. 정말 위험한 상황에서는 두려움이 매우 중요한 역할을 한다. 두려움을 통해 우리는 생명에 위험한 상황에 순발력 있게 대처할 수 있다.

하지만 때로 두려움은 건강한 흥분의 수준을 넘어 행동력을 감소시키고, 우리를 마비시키며, 그 결과 우리에게 해를 끼치고, 심하면 실신이나 패닉으로 이어진다. 따라서 두려움이 도움이 되려면,

객관적인 현실에 맞게 적절한 정도를 유지해야 한다.

두려움은 원래 위험이 지나가자마자 사그러들도록 되어 있다. 우리의 신체는 위험경보가 해제되자마자, 근육이 풀리고 호흡이 느려지는 등 경보가 주어졌을 때와 상반된 신체변화가 일어난다. 그러나 이런 자동적인 적응은 자신에게 요구되는 것이 너무 과하지 않을 때에나 가능하다.

예외적인 중압감이 너무 오래 지속되거나, 외적으로는 별일 없는데 우리 자신이 신체에 계속해서 경보신호를 보내면 문제가 발생한다. 그러면 긴장과 이완 사이에 불화가 생긴다. 두려움으로 인한 신체변화는 석기시대 사람들에게 매우 유용했다. 그런 신체적 무장을 통해 그들은 효율적으로 신체를 방어하거나 위험으로부터 도망칠 수 있었다. 하지만 현대인들에겐 이런 신체적 에너지가 별달리 쓸 곳이 없다. 현대인들에게 적, 야생동물, 배고픔, 목마름, 궂은 날씨로 생명이 위험한 상태 등은 거의 찾아오지 않는다. 그럼에도 우리는 두려움을 갖는다.

상사와의 사이에서 일어날지 모르는 갈등에 대한 두려움, 시험에 대한 두려움, 거절당하는 것에 대한 두려움, 실수를 하는 것에 대한 두려움, 두려움을 갖는 것에 대한 두려움, 질병에 대한 두려움 등이 오늘날 새롭게 나타난 현대의 두려움들이다. 우리의 뇌는 두려움을 가질 수 있는 새로운 상황들을 발견했고, 삶을 위협하는 새로운 상황들을 고안해냈다.

우리는 우리 자신의 두려움에 책임이 있다. 우리가 두려움을 만들어냈기 때문이다. 그리하여 우리는 두려움을 다시금 줄이는 것 또한 배울 수 있다. 아이들의 경우를 생각해보라. 거의 모든 아이들이 귀신과 깜깜한 밤과 낯선 사람을 무서워한다. 하지만 커가면서 그런 두려움을 극복한다.

두려움에 대처하는 비효과적인 방법들

1. 상황을 회피하기

많은 사람들은 두려움을 느끼는 상황을 회피한다. 단기적으로 이 방법은 아주 좋은 해결책처럼 보인다. 이를 통해 부정적인 감정들과 두려움을 피할 수 있기 때문이다. 그러나 장기적으로 이 방법은 그리 좋다고 볼 수 없다. 그런 식으로 살면 개인의 행동반경이 점점 좁아지기 때문이다. 또한 상황을 극복하는 경험을 할 수도 없다. 가령 비행이 두려운 나머지 아예 비행기를 타지 않는 사람들이 있다. 그리하여 그들은 비행이 상상만큼 위험하지 않다는 것을 깨닫지 못한다.

어떤 상황을 시종일관 회피하기만 하는 사람은 세월이 흐르면서 점점 많은 일을 회피하게 된다. 피하기 전략은 차츰 많은 영역으로 확장된다. 따라서 종국적으로 두려움이 작아지기는커녕 더욱더 커지게 된다.

2. 상황에 단기적으로 대처하기

몇몇 사람들은 아주 의식적으로 '두려움을 유발하는 상황' 속으로 들어간다. 그들은 두려운 상황들을 찾아다닌다. 이런 방법은 두려움을 극복하는 아주 거칠고도 위험한 전략이다. 이런 방법은 전문가의 지도하에 시행되어야 하고, 이런 전략에 돌입했다가 얼마 못 가 중단해버리면 오히려 역효과가 난다. 스스로 평온하고 두려움이 사라질 때까지 그 상황에 충분히 머물러 있어야 하는데, 그 상황에 익숙해지기 전에 중단하면, 나중에는 그런 상황에 대해 전보다 더 큰 두려움을 느끼게 된다.

3. 두려움을 음식이나 술, 약물로 해결하기

많은 사람들이 술을 마시거나 폭식을 하는 것으로 마음의 안정을 찾는다. 또 어떤 사람들은 너무 빨리 신경안정제를 복용한다. 물론 이런 전략은 단기적으로는 효과를 발휘한다. 두려움은 이내 가라앉았거나 사라진다. 그러나 장기적으로는 건강에 문제가 생길 수도 있고, 약물에 의존하는 생활을 할 수도 있다. 그런 방법으로 두려움을 느끼는 원인은 제거되지 않고, 단지 증상만 잠깐 숨어버릴 따름이다.

4. 걱정하고 고민하고 안달복달하기

많은 사람들은 미래에 일어날 수 있는 모든 안 좋은 상황들을 미리미리 마음속으로 그려본다. '이러이러한 일이 일어나면 얼마나 끔찍할까' 등의 생각이 다반사고, 이런 생각을 통해 불안에 빠진다. 그런 상황이 전혀 일어나지 않았고 결코 일어나지 않을 것임에도 불구하고 말이다. 그들은 그런 일이 실제로 일어나면 '절망하거나 속수무책 상태가 되지 않도록' 이런 전략을 개발했다. 많은 사람들이 지금도 '내가 계속 걱정하고 고민하는 일은 일어나지 않는다'는 미신에 매달린 채 살고 있다.

5. 주의를 다른 곳으로 돌려서 두려움을 견디기

또 하나의 전략은 두려움을 유발하는 상황으로 들어가되, 라디오를 크게 틀어놓거나, 신문을 읽거나, 숫자 퍼즐 등을 하면서 주의를 다른 데로 돌리는 것이다. 이런 방법의 장점은 두려움을 유발시키는 상황으로 들어가서 피하지 않고 견딘다는 것이다. 단점은 두려움을 유발시키는 마음가짐을 변화시키지 않는 한, 언제나 이런 전략에 의존하게 된다는 것이다. 이것은 강박적인 행동에 이를 수 있다. 반드시 그렇게 해야만 두려움에 맞설 수 있기 때문이다. 그래서 가령 라디오를 들을 수 없는 상황이 되면 패닉에 빠진다.

6. 다른 사람과 함께하여 두려움을 줄이기

'무슨 일이 일어날 때마다' 다른 사람의 도움을 구하는 사람들이 있다. 쇼핑을 할 때는 늘 배우자나 자녀를 동반하고, 배우자가 출장을 가면 친구더러 자기 집에 와서 자달라고 부탁한다. 이런 전략 역시 단기적으로는 일상이 그런 대로 돌아가도록 해준다. 그러나 우리 가 '○○○한 일을 할 때는 꼭 ○○○가 필요해'와 같이 어떤 일을 하는 데 있어 한 가지 방식밖에 가지고 있지 않을 때, 상황은 위험해진다. 늘 '나는 ○○○가 필요해', '○○○가 없으면 되지 않아'라고 생각한다면 우리는 그 사람, 혹은 사물에 의존하고 있는 것이다. 혼자서 무엇인가를 할 능력은 점점 더 줄어든다. 이런 경우 두려움 뒤에 또 다른 모티브가 숨어 있는 경우가 많다. 두려움은 사람들의 도움과 주목을 받고, 혼자서 책임질 필요가 없도록 도와주는 역할을 한다.

7. 두려움 숨기기

대부분의 사람들에게 두려움은 좋지 않은 것이다. 두려워한다는 것은 무능하고 나약하다는 것을 의미한다. 두려움은 겁쟁이, 비겁한 사람, 마마보이, 실패자라는 말과 가깝다. 그리하여 많은 사람들은 다른 사람들 앞에서 두려움을 숨기려고 노력한다. 하지만 신체가 한번 경보 상태에 놓이면 바짝 긴장하게 된다. 그런 상황에서는 진정하려고 노력하는 것만으로 '거의 미쳐버릴 것 같은' 마음이 든다.

8. 미루기

많은 사람들은 부담스러운 상황을 자꾸 미룬다. '좀 나중에 하자'고 결정하면 단기적으로는 부담이 없어진다. 그러나 이런 전략 역시 장기적으로는 효과가 없다. 미루는 것으로 문제가 해결되지는 않기 때문이다. 하고 싶지 않은 전화, 치과에 가는 것, 귀찮은 연말정산 등은 미룬다고 해결되지 않는다.

두려움에는 다음과 같은 것들이 있다

—

두려움의 가장 흔한 형태는 다음과 같은 다섯 가지로 분류할 수 있다.

1. 특정 공포증

사물이나 장소에 대한 공포

질병에 대한 공포(심근경색, 에이즈, 암 등)

동물에 대한 공포(쥐, 거미, 개, 새 등)

고소공포

소나기, 불, 더위, 추위, 어둠에 대한 공포

엘리베이터, 터널, 다리, 광장, 비행, 자동차 운전에 대한 공포

폐쇄공포(닫힌 공간에 대한 공포)

2. 공황장애

갑자기 예기치 않게 가슴이 두근거리고, 머리가 어지럽고, 가슴이 아프고, 질식할 듯한 느낌이 든다. 죽을 것 같거나, 몸을 제대로 가눌 수 없거나, 실신할 것 같거나, 토악질이 나오는 느낌이거나, 심장

이 멎을 듯한 두려움이 동반된다. 공포에 대한 공포로 이어진다.

3. 대인공포증과 사회공포증

비판에 대한 공포

거절에 대한 공포

실패에 대한 공포

안면 홍조나 떨림에 대한 공포

성공에 대한 공포

권위에 대한 공포

혼자 있는 것에 대한 공포

가까운 사람에게 상처를 주는 것에 대한 공포

이런 공포는 심장의 두근거림, 떨림, 식은땀 등의 신체증상을 동반한다.

4. 일반화된 불안장애

공포, 걱정, 두려움이 수개월간 계속되며, 안절부절못하는 것, 불면증, 계속되는 긴장, 땀이 나고 심장이 뛰는 것, 위장장애 또는 구역질을 동반한다.

5. 광장공포증

이 공포증은 종종 공황장애와 더불어 나타난다. 광장, 사람이 밀집된 장소, 대중교통 수단, 도망이 불가능하거나 어려운 모든 상황에 대해 이유 없이 드는 강한 공포감이다.

다음과 같은 공포 상태는 병적이라고 말할 수 있다.

- 지나치게 심하고 빈도가 너무 잦을 때
- 너무 오래 지속될 때
- 너무 괴롭고 힘들 때
- 공포로 인해 중요한 활동을 하지 못할 때
- 삶의 반경을 축소시킬 때

우리가 느끼는 가장 흔한 두려움

—

가장 흔한 두려움은 질병, 실직, 전쟁, 죽음에 대한 공포가 아니라 거부당하는 것, 실패하는 것, 식은땀이 흐르고 가슴이 답답해지는 등 공황증세가 엄습하는 것에 대한 두려움이다. 그러므로 이런 두려움들을 살펴보기로 하자.

1. 거부당하는 것에 대한 두려움

아주 많은 사람들이 자신이 다른 사람들에게 받아들여지지 않고, 다른 사람들의 마음에 들지 않거나 거부감을 살까 봐 두려워한다. 그들은 다른 사람과 마음껏 잡담을 하고, 자신의 의견을 적극적으로 내세우고, 많은 사람들 앞에서 주눅 들지 않고 이야기하지 못한다. 주인공이 된다거나 배우자를 떠나고 아이들에게 엄한 태도를 보이는 등의 행동은 감히 할 수 없는 일들이다. 거부당할 것에 대한 두려움이 너무 커서 그것을 피하기 위해 온갖 시도를 하기도 한다. 심지어는 자존심을 깡그리 내팽개치고, 계속 다른 사람들의 기대에 부응하고자 노력하기도 한다. 이런 식으로 행동해야만 다른 사람들에게 받아들여질 수 있다고 생각하기 때문이다. 그들은 사람들에게 사랑받고 인정받는 것이 신선한 공기처럼 삶에 반드시 필요한 것이라고 확신한다. 이런 방식으로 기회주의자가 되고, 그때그때의 상황에 따라 줏대 없이 이리저리 흔들린다. 그러면서 오히려 그런 행동이 사람들로 하여금 거부감을 일으키고 자신을 떠나게 만들 수 있다는 사실은 알지 못한다. 이런 사람들이 깨달아야 하는 것은 다른 사람들의 사랑과 인정을 받는 것은 유쾌한 일이지만, 삶에 무조건적으로 필요한 것은 아니라는 사실이다. 그리고 모든 사람에게 사랑받는 것은 불가능하다는 사실이다.

우리는 다른 사람들에게 거부당하더라도 스스로를 인정할 수 있다. 진짜 문제는 스스로를 거부하는 것이다. 그런 사람은 다른 사람들의 인정을 자신을 평가하는 가치척도로 삼는다. 그러면서 스스로 파놓은 함정에 빠진다. 다른 사람들에게 사랑을 받는 것은 우리의 인격에 대해 그다지 많은 것을 말해주지 않는다. 우리가 어떤 스타일의 사람에게 호감을 사는가를 알려줄 따름이다. 또한 지금 우리를 좋아해주는 사람이라도 다음 순간 마음을 바꾸어 우리를 탐탁지 않게 여기게 될 수도 있다. 그러면 어떻게 될까? 단번에 우리의 가치가 추락하는 걸까?

당신이 마트에 가서 늘 한 종류의 과일을 산다고 하자. 그 사실은 나머지 과일들이 모조리 가치가 없거나 열등하다는 의미인가? 당신이 언제나 특정 종류의 과일을 산다는 사실은 누구에 대해 말해주는 것인가? 과일에 대해 말해주는 것인가, 아니면 사는 사람, 곧 당신에 대해 말해주는 것인가?

설마 당신의 구매 행위가 과일의 가치에 대해 말해준다고 생각하지는 않을 것이다. 실제로 당신의 행동은 당신에 대한 정보, 즉 당신이 어떤 취향을 가지고 있는지를 알려줄 뿐이다. 다른 과일을 거부하는 당신의 행동은 단지 그 과일들이 당신의 입맛에 맞지 않는다는 것을 말해줄 뿐이다. 당신이 특정 과일을 선호한다고 해서 다른 과일들이 가치가 떨어지거나 열등한 것은 아니다. 당신과는 완전히 다른 종류의 과일을 좋아하는 사람들이 있다. 그 사실을 사람에게 적용해보자. 어떤 사람이 당신을 거부하면 그의 행동은 당신에 대해 말해주는 것이 아니라, 그 사람에 대해 말해준다. 그 사람의 호불호와 기대와 생각에 대해 말이다. 그의 거부는 절대로 당신의 가치를 말해주는 것이 아니다.

2. 실패에 대한 두려움

실패에 대한 두려움은 거부에 대한 두려움과 밀접한 관련이 있다. 많은 사람들은 자신이 잘못을 저지르면 사람들의 비웃음과 거부를 살 것이라고 생각한다. 그리하여 미리미리 자신이 언젠가 실수를 저질렀던 상황을 회피한다. 그리고 실수하면 책임을 다른 사람에게 미루고, 자신은 아무 죄가 없는 척하며 자신이 연루되어 있다는 사실을 부인한다.

그들은 스스로의 적이다. 다른 사람들의 실수는 용납해준다. 다른 사람들은 피곤해서 집중력이 떨어지고, 가끔 어리석게 행동하고, 컨디션이 좋지 않을 수도 있다. 그러나 '자기 자신은 절대로 그러면 안 된다!'라고 믿으며 스스로에게 초인적인 요구를 한다. "나는 실수를 하면 안 돼." "나는 완벽해야 해." 그들은 자신의 실수를 용납하지 않으며, 실수를 하면 다른 사람들의 인정을 잃게 될 거라고 생각한다. 실수는 인간으로서 절대로 피할 수 없는 것임을 잊는다.

거부와 실패에 대한 두려움을 극복하려면, 다른 사람들이 자신을 거부하고 자신이 실수를 할지라도 스스로를 받아들이는 것을 배워야 한다.

당신은 이런 공포를 극복할 수 있다. 노력이 필요하겠지만, 그것은 가치 있는 노력이다. 이 두 가지 두려움을 극복하는 사람에겐 에베레스트 산 등반이나 나이아가라 폭포에서 줄타기를 하는 것에 대한 두려움만이 남게 될 것이다.

두려움을 어떻게 극복할까?
—

두려움은 주변의 사건이 아니라 생각을 통해 일어나는 것이다. 두려움을 느낄 때마다 우리는 다음과 같은 생각을 한다.

"이러이러한 일이 발생하면 끔찍할 거야."
"이러이러하게 되면 나쁠 거야."
"이러이러하게 되면 정말 끝장이야."
"이러이러하면 참을 수 없을 거야."

우리가 불행을 상상하면 몸은 우리가 정말로 불행한 일을 당한 것처럼 반응한다. 몸은 우리가 불행을 단지 상상만 하는지, 그 불행이 실제로 일어났는지를 구분하지 못한다. 우리가 내면으로 어떤 비현실적인 필름을 돌리든 간에, 몸은 우리의 상상이 현실인 것처럼 반응한다. 그리하여 심장 박동이 빨라지고, 호흡이 가빠지며, 근육이 긴장된다. 구역질이나 메슥거림이 동반되기도 한다. 식은땀이 나고, 얼굴이 빨개지거나 창백해지며 떨리기 시작하고, 어지러움마저 느낀다.

우리를 찾아온 구드룬의 ABC는 다음과 같았다.

A 상황

구드룬은 친구 생일이라 친구들과 함께 호프집에 앉아 있다. 모두 맥주잔을 들고 생일 맞은 친구를 위해 건배한다.

B 평가

잔을 들면 틀림없이 손을 떨게 될 것이다. 다른 친구들에게 떠는 걸 들키는 건 정말 끔찍하다.

C 감정, 신체 반응, 행동

두려움과 긴장. 구드룬은 다른 사람들과 건배를 하지 않으려고 화장실에 간다.

이런 두려움을 극복할 수 있기 위해서는 다음과 같은 수순을 밟아야 한다.

1. 두려움을 느끼는 전형적인 상황에 대한 ABC를 쓴다.
2. 생각의 배후를 캐묻는다.

- 나쁜 일이 일어날 것이라는 생각은 사실에 부합하는가, 아니면 그저 내 상상

속에서만 존재하는가?

- 내가 상상하는 나쁜 일이 일어날 가능성은 어느 정도인가? 가능성이 적다면 미리 걱정하는 것은 좋지 않다. 물론 이 구절을 읽을 때 여러분 머리 위로 비행기가 추락할 수도 있다. 그러나 그럴 확률은 아주 적다.

- 상상하는 일이 현실에서 발생할 확률이 꽤 있는 일이라면 그 일이 정말로 그렇게 나쁜 일인지 자문하라. 어떤 일이 나쁘고 끔찍하고 불행하게 느껴지는 것은 스스로 그것을 나쁘고 끔찍하고 불행한 일로 여기기 때문이다. 두려움으로 반응해야 하는 때는 생명이 정말로 위험할 때뿐이다.

- '다가오는 불행'을 상상하는 데 머물지 말고, 이렇게 되뇌이라. "그런 일이 일어나도 난 대처할 수 있어. 내가 살아 있는 한 나는 어떻게 대처할 것인지 결정할 수 있어. 난 나의 감정과 기분을 결정해. 그리고 내가 죽는다면 그것에 어떻게 대처하든 더 이상 중요하지 않아."

'최악의 일'에 어떻게 대처할 것인지를 상상하라. 해결방법을 모색해보라. 직접 죽음에 이르는 일 외에 참을 수 없을 만큼 나쁜 것은 없다. 어떤 일이 불쾌하고 불편할 수는 있지만, 그렇다고 그것이 나쁘고 끔찍하고 불행한 일은 아니다.

불쾌한 일이 있을 수 있다 해서, 영원히 그렇게 두려운 상태에 빠져 밤새 걱정하고 고민할 필요는 없다. 위험을 줄이기 위해 할 수 있는 모든 일을 했다면 더 이상 걱정할 필요가 없다. 걱정하고 두려워한다고 위험이 줄어드는 것은 아니다. 오히려 그 반대다. 그 상태에서 정말로 위험한 일이 닥치면 긴장하고 약해져서 대처할 힘이 없게 된다. 시선을 돌려 걱정하고 두려워하는 대신 좋은 일에 집중하라.

이것을 '틀림없이 나는 손을 떨 거야. 친구들에게 떠는 걸 들키는 건 정말 끔찍한 일이야'라는 구드룬의 생각에 적용하면, 다음과 같다.

→ 떨게 될 거라는 것은 사실과 부합하는가, 아니면 내 생각일 뿐인가?

그저 나의 생각에 불과하다. 나는 미래를 알 수 없다.

→ 떨게 될 확률이 많은가, 적은가?

그럴 확률이 많다. 지금까지 그런 상황에서 종종 떨었으니까.

→ 떠는 걸 친구들에게 들키는 게 그렇게 끔찍하고 불행한 일인가?

그렇지 않다. 우선 친구들이 내가 떠는 걸 알아채더라도 나는 그 사실을 알지 못할 것이다. 하지만 친구들이 내가 떠는 걸 본다 해도 그리 큰일은 아니다. 불행한 일이 아니라, 기껏해야 불쾌한 정도의 일이다. 생명과는 아무 관계도 없는 일이다. 그리고 손을 떠는 것은 인간으로서 충분히 그럴 수 있는 일이다.

→ 친구들이 내가 떤다는 사실을 지적하면 대처할 수 있는가?

그렇다. 나는 그 상황에 대처할 수 있다. 친구들에게 내가 좀 긴장한 모양이라고 말할 수 있다. 그리고 떠는 것을 다른 사람들이 볼까봐 걱정했다고 말할 수 있다. 나는 떨 수 있다. 떠는 것은 그다지 나쁘지 않다. 떨림은 긴장할 때 나타나는 아주 정상적인 신체 반응이다.

3. 이완 연습을 한다.

무엇인가가 위험한 것으로 다가올 때 우리의 호흡은 자동적으로 빨라진다. 그 결과 혈액에 더 많은 산소가 공급되고 신경이 예민해진다. 이럴 때 4장에서 소개했던 즉석이완법을 실행하면 두려움을 감소시킬 수 있다. 소심해지고 긴장될 때마다 앞서 말한 호흡 연습을 해보라.

4. 상상 연습을 한다.

실생활에서의 연습과 상상 속 연습을 통해 감정과 행동을 변화시킬 수 있다. 상상 연습은 두려움을 제거하는 아주 효과적인 방법이다. 우선 즉석이완법으로 신체를 이완시킨 다음, 두려움을 제거하고 싶은 상황들을 아주 자세하고 생생하게 상상하라. 그런 상황에서도 아주 평온한 자신의 모습을 상상하고, 앞서 질문을 통해 얻었던 새로운 생각들을 되뇌라. 그리고 변화된 행동을 상상 속에서 실행하라.

상상 훈련 중에 두려움이 엄습하면 이완법을 실행하고, 유쾌한 상황을 그려보라. 상상 훈련을 하루 최소 세 번씩 5분에 걸쳐 하라.

구드룬은 자신이 친구들과 함께 호프집에 앉아 있는 상황을 상상했다. 모두 잔을 들고 구드룬 역시 잔을 든다. 구드룬은 거기서 평온한 자신의 모습을 그리며 이렇게 되뇐다." 떨어도 돼. 떠는 것은 인간적인 모습이야."

원한다면 상상 훈련을 난이도에 따라 분류할 수도 있다. 목록을 작성하라. 1단계에 별로 힘들지 않은 상황부터 시작하여, 2단계는 힘든 상황, 3단계는 더욱 힘든 상황 등 변화를 원하는 상황을 차례로 적어보라. 그리고 1단계부터 상상하기 시작하라. 세 번 연속 상황을 평온하고 편안하게 상상할 수 있을 때까지 훈련한 다음, 다음 단계로 넘어가라. 가장 어렵다고 여겨지는 상황마저 더 이상 두려움을 일으키지 않을 때까지 멈추지 말고 상상 훈련을 하라.

5. 위험을 감수한다.

두려움을 자아내는 생각의 배후를 캐묻고 생각의 대안을 마련했다면 위험을 감수해야 한다. 즉, 두려워하는 것들을 실행하고 '위험'을 직시할 준비가 되어야 한다. 감정이 여전히 '그렇게 하는 것은 위험해'라고 말하더라도 꼭 그렇게 해야 한다.

두려움은 한동안 남게 될 것이다. 두려움은 가장 마지막으로 사라질 것이다. 자동차 운전을 배울 때를 떠올리면 쉽게 알 수 있다. 우리는 운전 강사 앞에서 "일단 두려움이 사라질 때까지 기다렸다가 자동차에 오를래요"라고 말하지 않았다. 우리는 두렵고 걱정스런 마음으로 차에 올랐으며, 시간이 지나고 연습을 하면서 두려움은 서서히 사라졌다.

그러나 사람과의 관계에서는 좀 다르다. 가령 돈을 돌려받아야 하거나, 어떤 부탁을 해야 하거나, 초대를 거절해야 하거나, 사람들 앞에서 무슨 이야기를 해야 하는 등의 경우, 우리는 거부당할지도 모른다는 생각에 두려워한다. 그리고 두려움에 귀를 기울이고, 거부당할지도 모르는 상황을 피하며 모험을 하지 않는다.

하지만 위험을 감수하면 때로 뭔가를 얻을 수 있다. 위험을 감수하지 않는다면 거의 아무것도 얻지 못할 것이다. 손익계산을 해보라. 두렵지만 위험을 감수하면 무엇을 얻게 될까? 두렵다고 그 상황을 피하면 무엇을 잃을까?

삶은 모험이다. 거절당하는 것이 두려우면, 우리는 이성을 사귀는 일도 자신의 의견을 표현하는 일도 하지 못할 것이다. 또 결혼생활에서 배우자에게 우리의 바람이나 생각을 표현하지 않으면서 바람이나 소망이 이루어지기를 바라는 것은 무리다.

더 이상 거절당하면 큰일 난다고 스스로를 속이지 말라. 위험을 감수하라. 실수하면 큰일 난다고 스스로를 속이지 말라. 잘하느냐 못하느냐보다는 뭔가를 한다는 게 중요하다. 완벽해질 때까지 기다리지 말라. 실수하고 잘못하는 것은 정상이다. 사람은 실패도 겪고 실수도 하면서 성장하고 성숙하는 것이다. 인생의 모든 일에는 연습이 필요하다. 누구나 처음에는 서툴고 실수도 한다. 그러므로 잘하지 못하더라도 두려운 일을 감행해보라. 연습이 변화를 가져온다.

다른 사람들의 호응이 없어도 두려운 일을 감행하라. 다른 사람들이 당신을 좋아하지 않더라도 그것은 단지 그들의 취향일 뿐이다. 그들의 취향이 인간으로서 당신이 지닌 가치를 결정짓지는 않는다. 다른 사람들의 환심을 사지 못한다고 해서 당신에게 문제가 있는 것은 아니다. 당신을 좋아하지 않는 사람은 언제나 있는 법이다.

새로운 행동을 연습할 때는 경우에 따라 조금씩 발전하는 것이 중요하다. 늘 지난번보다 조금 더 많은 것을 행하라. 이를 위해 공포 상황을 쉽게 소화할 수 있는 분량으로 쪼개라. 두려움의 강도에 따라 상황을 배열하라. 가령 여성에게 말을 거는 것이 두렵다면, 단계는 다음과 같이 될 것이다.

1단계: 여성과 시선을 맞춘다.

2단계: 여성에게 미소를 짓는다.

3단계: 여성에게 말을 건다.

4단계: 여성이 앉아 있는 테이블에 앉는다.

이제 1단계를 연습하기 시작하라. 여성과 시선을 맞추는 것에 대한 두려움이 없어질 때까지 이런 단계만 연습하라. 그 후 2단계 이후로 넘어가라. 구드룬은 두려움을 극복하기 위해 친구들과 함께 건배를 하고, 친구들이 자신이 떠는 것을 볼지도 모른다는 위험을 감수했다. 이럴 때에만 구드룬은 자신이 떠는 것이 전혀 불행하거나 나쁜 것이 아니라는 것을 경험할 수 있었다. 구드룬은 더 이상 두렵지 않을 때까지 이런 위험을 여러 번 감수해야 했다.

6. 자신감 넘치는 신체 자세를 취한다.

두렵고 떨리는 상황으로 들어가기 전에 아주 마음이 편하고 성공적이었던 상황을 떠올려보라. 그런 일을 되도록 생생하게 그리며, 거기서 취했던 자세를 취하라. 그런 상황에서 자신에게 했던 말들을 기억하고, 그 말들을 다시 반복해보라. 그때처럼 자신 있는 자세를 취하고 지금 두렵게 여겨지는 상황에 대처할 수 있다는 확신을 가지라.

7. 상벌을 이용한다.

두렵고 떨리는 일을 하는 것은 쉽지 않으므로, 노력하고 수고했다면 스스로에게 상을 주기를 추천한다. 작은 걸음을 내디뎠을 때마다 스스로를 칭찬하라. 꽃을 산다든지, 영화를 한 편 본다든지, 산책을 나간다든지……. 목표를 이루었다면 자기 자신에게 휴가를 선사하라.

　벌도 자극이 될 때가 있다. 상황을 회피했거나 연습을 게을리했을 때마다 텔레비전 시청이나 신문 읽기, 또는 모닝 커피 등 좋아하는 뭔가를 금지하라. 스스로 자극을 받을 수 있는 동시에 다른 사람들에게 해가 되지 않는 모든 수단이 가능하다. 가능하면 빨리 새로운 습관을 들이는 것이 당신의 목표다. 그런 습관을 들이면 더 이상의 자극이 필요 없다.

- 두려움을 극복하는 경우, 두렵게 생각되는 상황에 다가갈수록 우선은 두려움이 커진다.
- 두려움이 사라진 다음에야 더 용감하게 행동하고자 한다면 당신은 영원히 기다리게 될 것이다. 두려움은 가장 마지막에 사라진다. 재학습의 일반적인 과정이 그렇다.
- 두려움은 생각의 결과이지 원인이 아니다. 두려움은 상황이 정말로 위험하기 때문이 아니라, 두려움을 야기하는 생각을 하기 때문에 온다. 감정에 속지 말라.
- 작은 발전을 존중하라. 전보다 덜, 전보다 드물게 걱정하는가? 그 역시 발전이다!

8. 다음 글을 녹음하여 30일 동안 매일매일 들으라. 거절과 실패에 대한 두려움을 더 빨리 극복할 수 있을 것이다.

"새로운 날이 시작되었다. 나는 이날을 내게 아름다운 날로 만들 것이고, 미소로 하루를 시작할 것이다. 좋았든 안 좋았든, 어제는 지나가버렸다. 중요한 것은 오늘이다.

오늘 어떤 일이 있을지 미리 알 수는 없지만, 한 가지는 확실하다. 그 어떤 일도 내가 대처할 수 없게끔 나쁘지는 않다는 것. 내가 잘못을 저지르거나, 상황이 내 생각대로 진행되지 않을지라도, 나는 아주 평온하게 그런 일들이 그다지 나쁘지 않음을 상기할 것이다.

나는 인간이기 때문에 살아가는 동안 때로 실수도 할 것이다. 하지만 그로 인해 스스로를 비난하거나 비하하는 대신, 침착하게 그 원인을 찾고 다음에는 같은 잘못을 하지 않으려고 노력할 것이다. 오늘 하룻동안 잘한 일이 있으면 나는 스스로를 칭찬하고 기뻐할 것이다. 기쁜 일은 언제든지 있다.

오늘 내가 만나게 될 사람들은 나를 위험하게 만들 사람들이 아니다. 그들이 내게 신체적인 위협을 가할 확률은 거의 없다. 그들이 나를 부정적으로 생각한다 해도 나는 개의치 않을 것이다. 그들이 나에 대해 뭔가 나쁜 말을 한다 해도, 나는 아무렇지도 않다. 그것은 그들의 말이고, 그들의 의견일 따름이다. 다른 사람의 견해는 나를 변화시킬 수도, 해를 끼칠 수도 없다. 나는 그런 견해와 상관없이 늘 똑같은 사람이다. 나는 있는 그대로의 나 자신을 인정할 것이다. 다른 사람들이 나를 좋아하지 않아도 나는 스스로를 좋아할 것이다. 나는 그 자체로 소중한 인간이니까.

다른 사람들은 그들이 하고 싶은 대로 말하고 행동할 권리가 있다. 내게 관심을 쏟거나 내 기분을 고려하여 내게 억지로 친절하게 대할 필요는 없다. 나의 기분을 결정하는 것은 바로 나다. 나는 일을 하면서 내가 간혹 실수도 하는 사람임을 기억할 것이다. 그리고 실수를 하면 조용히 잘못을 인정하고 원인을 찾을 것이다. 그리하여 같은 잘못을 되풀이하지 않도록 노력할 것이다. 그러나 기분을 상하지는 않을 것이다. 잘못을 저지르는 것은 유감스럽지만, 그다지 비극적인 일은 아니다. 나 역시 다른 사람보다 썩 나을 것 없는 실수 많은 인간일 따름이다. 다른 사람들이 어떻게 생각하든 아무 상관없다. 내 삶에서 가장 중요한 인간은 바로 나 자신이므로, 나는 가능하면 자주 미소를 짓고 기분 좋게 생활할 것이다. 잘되지 않을 때도 있을 것이다. 그러나 그것은 내가 스스로에게 엄격하고 스스로를 비하하는 버릇에서 아직 온전히 벗어나지 못했기 때문이다. 나는 그럴 때마다 좋은 기분을 유지하려고 노력할 것이다. 나는 오늘을 좋은 날로 만들 기회를 가지고 있으며, 그 기회를 활용하고 스스로에게 친절을 베풀 것이다."

통제가 불가능한 상황의 두려움
—

최근 들어 우리 치료실에는 다음 증상을 가진 사람들이 점점 더 많이 찾아오는 경향이 있다. 그들의 이야기는 똑같다. 어느 날 일상 중에 갑자기 속이 메슥거리고, 심장이 마구 뛰기 시작하고, 땀이 나고, 눈앞이 깜깜해지기 시작했다. 이후 이런 증상이 점점 더 잦아지고 있다. 그래서 병원에 가서 건강검진을 받아보았지만 정작 심장이나 뇌나 소화기관에는 별 이상이 없다는 얘기만을 들었다는 것이다.

이런 증상은 흔히 공황장애라고 불리는 증상이다. 이런 증세는 대부분 차가 몹시 밀릴 때, 백화점이나 극장 매표소 앞에 줄을 서 있을 때, 또는 미용실이나 치과나 엘리베이터에서처럼 전혀 스스로 통제를 할 수 없는 상황에서 발생한다.

빠른 도움을 받거나 얼른 피할 수 없는 상황들에서 말이다. 병원에 가도 신체적으로 특별한 이상을 발견하지 못하고 그저 '신경성'이라는 소리를 들으면, 당사자들은 이제 그런 증상을 상황과 연결하여 설명을 한다. 그리하여 특정한 상황을 피하기 시작하고, 속으로 그런 증세가 다시 찾아오면 어쩌나 하고 계속 두려워한다. 이들은 '이런 증상이 내게 다시 엄습할까?', '어떻게 이런 증상을 막을 수 있을까?' 하는 두 가지 질문에 몰두한다. 이 때문에 증상은 점점 잦아지고, 그들은 점점 더 불안해진다. 그리하여 능동적인 삶에서 점점 물러나거나, 안정제를 복용함으로써 일상생활을 해나가고자 한다. 상황을 다시 한 번 정리해보자.

A 상황

대부분 신체적으로나 정신적으로 지쳤을 때, 통제가 불가능한 상황에서 약한 발작 또는 순환장애를 경험한다.

B 평가

위험해! 이젠 끝장이야!

C 감정, 신체 반응, 행동

패닉, 심장이 벌렁거리고 어지러움, 도피.

그 결과 당사자는 첫 증세가 나타났던 때와 비슷한 모든 상황을 피하려고 한다. 다시는 이런 위험한 상황이 발생하지 않도록 온갖 대책을 강구하기 시작한다. 속으로 계속해서 최초의 이런 악몽 같은 경험을 떠올리면서, 나중에 언제 또 그런 상황이 찾아올 것인지를 생각한다. 그렇게 그는 더욱 자주 이런 공포감에 시달리며, 나중에는 집에서 소파에 가만히 앉아 있다가도 그런 상황들을 생각하면 패닉에 빠진다.

계속해서 패닉에 빠지게 되는 것은 상황 때문이 아니라, 자신의 생각 때문이다. 최초의 경험을 처리하는 과정에서 문제가 유발되는 것이다. 당사자는 스스로 온 힘을 다해 앞으로 다시는 '그런 나쁜 일'이 일어나지 않도록 하고자 하고, 그로써 완전히 반대 상황에 이른다. 그런 패닉 상황을 걱정하고 두려워하는 것으로 말미암아 공황 증세는 점점 더 자주 나타난다.

공황 증세에 대처하는 방법들

—

1. 확실하게 해두기 위해 신체적으로 문제는 없는지 건강검진을 받아본다.

그러나 이 의사 저 의사를 찾아다니며 순례하지는 말라. 두 명 정도의 의사가 신체적 원인을 확인할 수 없었다면 그것으로 족하다.

2. 패닉과 그에 따르는 신체 증상을 스스로 만들어내고 있음을 확실히 하라.

그 상황을 생각하고 계속해서 이제 결코 그런 증상이 두 번 다시 있어서는 안 된다고 끊임없이 암시를 하는 가운데 두려움이 생긴다. 부정적인 생각을 하면 두려움이 생기는 것은 당연하다. 자신의 생각을 감정의 ABC와 건강한 생각을 위한 두 가지 질문으로 점검하라.

3. 상상 연습을 하라.

두려운 상황을 생생하게 그려보고, 건강한 생각을 위한 두 가지 질문으로 수정된 생각들을 말하면서 마음을 가라앉히라.

4. 회피하지 말고, 두려워하는 상황으로 들어가라.

당신은 두려움을 스스로 만들어내고 있으므로, 그것을 극복하는 것 또한 스스로 할 수 있다. 그런 상황에 들어가야만 시간이 지나면서 두려움이란 감정이 사라질 것이다.

5. 두려움을 기다리고, 인정하고, 맞서라.

"난 널 기다렸어. 넌 이런 상황이면 으레 등장하지. 가슴이 아프고, 속이 안 좋고, 어지럽고 두려운 것은 내가 그것들을 습관화했기 때문이야. 괜찮아. 이런 증상들은 다시 사라질 거야. 나는 이제 즉식이 완법으로 나의 호흡에 집중할 거야. 그러고 나면 안정을 찾을 거야. 나는 두려움에 대처할 수 있어.”

6. 의식적으로 자신 있고 편안한 자세를 취하라.

몸의 자세가 바뀌면 감정상태도 달라진다. 우선 편안하고 자신만만 했던 상황을 떠올리며 그때 취했던 자세를 만들어보라.

"그 사람이 잘못된 건 다 나 때문이야."
─죄책감을 몰아내는 법

크리스틴은 우울증으로 우리를 찾아왔다. 크리스틴이 우울증에 걸린 것은 심한 죄책감 때문이었다. 크리스틴은 이제 열아홉 살이 된 아들 교육에 실패했다고 자책하고 있었다. 어릴 때부터 아들을 너무 과잉 보호하고 필요한 모든 것을 다 해주다 보니, 이제 아들이 아무런 의욕도 없는 게을러빠진 인간이 되었다는 것이다. 아들이 대입 자격시험을 본 다음에도 아무런 진로를 정하지 못하고, 하루하루를 그저 무의미하게 흘려보내는 게 크리스틴은 다 자기 책임이라고 생각했다.

왜 그렇게 아들을 과잉보호했느냐는 질문에 크리스틴은 곰곰이 생각하더니 이렇게 말했다. "외아들이라서 최선을 다하고 싶었어요. 한 번 사는 인생인데 내가 어렸을 적보다 모든 면으로 더 좋은 여건에서 시작하게 해주고 싶었어요." 때로 계속 그렇게 키워도 되는지 의심하지는 않았느냐는 질문에 크리스틴은 이렇게 대답했다. "때로는 이래도 되는 건가 싶었어요. 이렇게 가다간 우리 아들이 마마보이가 되는 건 아닌가 하고요……."

그럼에도 불구하고 왜 계속 그런 양육 태도를 견지했느냐는 질문에 크리스틴은 "아기 때 놀이방을 전전했던 것이 마음에 걸려, 아들에게 되도록 행복하고 즐거운 어린 시절을 선사하고 싶었어요"라고 말했다.

비극적이지 않은가? 최선을 다해서 좋은 의도로 아들을 키워놓고, 이제는 자신이 최선을 다한 것으로 스스로를 책망하는 엄마가 있다. 크리스틴은 여러 면에서 죄책감을 느끼는 전형적인 경우다. 그러나 그에 대해서는 나중에 살펴보기로 하고, 일단 죄책감이란 대체 무엇인지부터 살펴보자.

죄책감은 신랄한 심판의 도구일 뿐이다

———

죄책감은 기쁨이나 두려움 같은 어떤 감정이 아니다. 죄책감이란 바로 '나는 ○○○에 책임이 있어' 하는 생각이며, 그런 생각을 할 때 흔히 죄책감이라고 표현하는 기분 나쁜 감정에 이르게 되는 것이다.

죄책감을 갖는다는 것은 스스로 말하거나 행동했던(그러나 그러지 말았어야 한다고 생각하는), 또는 소홀히 했던(소홀히 해서는 안 되었다고 믿는) 것에 대한 책임을 스스로에게 부여하는 것이다. 그러나 대부분의 사람들은 과잉보호 같은 자신의 '잘못된 행동'을 비난할 뿐 아니라, 한 걸음 더 나아가 그런 잘못된 행동을 한 자기 자신을 어리석고, 열등하고, 가치 없고, 나쁘고, 실패한 사람으로 생각한다. 죄책감이 해로운 것은 바로 그 때문이다.

즉, 죄책감을 가지면 스스로의 행동뿐 아니라 인간으로서의 자신을 판단하고 비난한다. 우리는 왜 그렇게 스스로를 신랄하게 심판하는 것일까?

그것은 우리가 그렇게 양육받기 때문이다. 유감스럽게도 많은 부모는 죄책감을 교육의 수단으로 활용한다. 그리하여 다음과 같은 말을 아무렇지도 않게 한다. "엄마 속을 썩이는 아이는 나쁜 애야." "그러다가 엄마가 병이라도 나면 다 너 때문이야. 그때 가서 후회하지 말아." "부모를 이렇게 실망시키다니 도대체 넌 어떻게 생겨먹은 거냐?" "우린 너를 위해 모든 걸 다 하는데, 왜 이리도 버르장머리가 없는 거니?"

틀림없이 대부분의 부모는 자녀를 바른 길로 인도하려는 좋은 의도로 그런 말들을 한다. 잘 몰라서, 자녀에게 득보다 해가 되는 방법을 택한 것이다. 당신은 틀림없이 어린 시절 부모님으로부터 그와 비슷한 말을 들었으리라.

이런 말들은 아이들의 가슴에 아로새겨진다. 아직 어리기 때문에 아이는 부모의 말을 비판적인 시각으로 받아들이지 못하고 곧이곧대로 받아들이는 것이다. 그러면 아이는 다음과 같은 생각을 내면화하게 된다. '잘못을 저지르거나 하지 말라는 일을 하면 나쁜 사람이야. 아무도 그런 사람을 좋아하지 않아. 내가 그런 일을 저지른다

면 부끄러워해야 하는 게 당연해.'

아이들은 자라면서 끊임없이 다른 사람들의 바람과 기대에 부응해야 하며, 그렇게 하지 않으면 사람들로부터 거부당하고 비난을 받게 된다고 배운다. 다른 사람에게 거부당하고 듣기 싫은 소리를 듣고 싶은 사람이 누가 있겠는가?

그리하여 이런 식으로 주변 사람들의 생각에 종속되는 소심하고 초조한 사람들이 탄생하게 되는 것이다. 이렇게 길러진 아이는 성인이 된 다음에도 다른 사람을 실망시켰다는 생각이 들면 죄책감에 사로잡히고, 자기 비난의 메커니즘을 작동시킨다.

죄책감은 아무 도움이 되지 않는다
—

"잘못했는데도 자책하지 말라고요?"

그렇다. 죄책감은 전혀 도움이 되지 않는다. 우리가 자책해도 과거는 과거일 뿐이다. 역사의 수레바퀴는 되돌릴 수 없다. 일어난 일을 일어나지 않은 일로 만들 수는 없는 것이다. 죄책감에 시달린들 무슨 소용이 있겠는가? 어떤 사람들은 죄책감을 갖는 게 좋다고 생각한다. 죄책감을 가지지 않으면 모든 양심의 가책을 던져버리고, 아무 거리낌 없이 비양심적인 행동을 할 거라고 여긴다.

우리의 생각은 다르다. 비양심적이거나 잘못된 행동을 하는 사람들은 보통 그것이 비양심적이거나 잘못된 행동이라고 생각하지 않기에 그러한 행동을 한다. 그것이 잘못된 행동인지 그들은 잘 모른다. 자신의 행동이 어떤지, 그리고 어떤 결과를 불러오는지를 객관적으로 정확히 안다면, 그렇게 행동하지 않을 것이다. 크리스틴이 애초부터 아들을 그렇게 키우는 것이 득보다 실이 된다는 것을 알았더라면, 아마도 그렇게 하지 않았을 것이다. 그러니 이제 와서 죄책감을 가져봤자 무슨 소용이 있는가?

예를 들면 슈퍼마켓에서 자꾸만 물건을 훔치는 등 작은 범행을 반복해서 저지르는 사람들이 있다. 이런 사람들은 죄책감에 시달리면서도 그런 '짓'을 반복한다. 이를 감안하면 죄책감은 해서는 안 되는 행동이나 나쁜 행동에서 떠나게 하는 수단으로 썩 좋은 수단은 아닌 듯하다. 처벌이나 속죄로 변화되는 경우는 아주 드물다.

심지어 죄책감은 때로 뭔가를 계속해서 하기 위한 변명으로 작용할 수도 있다. 알코올 중독자들은 보통 죄책감을 안고 술을 먹는다. 그들은 술을 마심으로써 자신과 가족들에게 해를 끼치고 있음을 알고 있다. 그러나 그들의 죄책감은 술을 끊는 데 도움이 되지 않는다. 그 반대다. 죄책감은 기분을 불쾌해지게 만들고, 그들은 이런 기분을 잊기 위해 다시금 술을 퍼마신다.

성숙하고 책임 있는 행동에는 죄책감과 같은 종교재판적인 조치가 필요하지 않다. 우리는 심지어 죄책감으로 스스로를 채찍질하지 않을 때만이 성숙하고 책임 있게 행동할 수 있다고 주장하는 바다. 자신과 다른 사람들에게 당당히 잘못을 고백하는 것은 속으로 죄책감에 시달리는 것보다 오히려 더 큰 용기가 필요하다. 죄책감에 시달리는 사람들은 자신의 잘못을 비밀로 할 때가 많다. 실수가 자신이 도덕적으로 문제 있는 인간임을 보여준다고 생각하기 때문이다.

오해하지 말라. 무슨 행동을 하든 무방하다는 이야기가 아니다. 절대로 그렇지 않다. 자신이나 다른 사람의 행동을 판단하고 반성하는 것은 물론 잘하는 일이다. 그러나 스스로를 나쁜 인간이라고 낙인 찍고 비난해서는 안 된다. 둘 사이에는 커다란 차이가 있다.

죄책감을 가지지 말라는 것이 비양심적이고, 배려가 없고, 이기적이고, 차갑고, 철없이 행동하라는 이야기는 아니다. 전혀 그렇지 않다. 그렇게 주장하는 사람은 우리의 죄책감을 이용해 우리를 괴롭히려는 사람이다. 그들은 죄책감을 부추겨 우리를 자신들이 원하는 대로 조종하려고 한다. 죄책감은 다른 사람들을 조종하는 탁월한 수단이다. 배우자에게 죄책감을 부추기면 배우자는 당신의 뜻에 고분고분 따를 것이다. 그로써 스스로 잘못한 것들을 만회하고자 하는 것이다. 그렇다. 정말로 자신의 행동을 다시 만회하고자 한다. 그게 나쁜 것은 아니다. 다만 우리가 말하고자 하는 것은 자발적으로 그렇게 해야지 죄책감 때문에 떠밀려 해서는 안 된다는 것이다. 행동 개선이 '가슴으로', '깨달음으로' 일어나야지 어쩔 수 없이 강요당하는 기분이 되어서는 안 될 것이다.

그렇다면 왜 사람들은 잘못된 행동을 하고, 실수하고, 실패하고,

곁길로 가는 어리석은 행동을 할까? 이 이유들을 생각하는 것은 스스로와 다른 사람들을 비난하기보다 용서하기 위한 것이다. 그 이유를 살펴보자.

불완전하고 무수히 실수하는 인간

많은 부모들, 특히 어머니들은 자녀 문제로 죄책감을 느끼는 경우가 많다. 아이들이 빗나가거나, 학업을 힘겨워하거나, 문제 있는 행동을 하면 엄마들은 아이들을 제대로 인도하지 못한 것에 책임을 느끼고 자신의 무능력을 자책한다. 우리는 지금까지 세상의 엄마란 사람들보다 더 고집스럽게 죄책감에 붙들려 있는 이들을 보지 못했다. 앞에 소개한 크리스틴도 마찬가지다. 크리스틴은 엄마로서 최선을 다했고 좋은 의도와 생각에서 아들의 뒷바라지를 했다. 그리고 이제는 자신의 행동을 아주 신랄하게 비판하고 있다. 크리스틴이 그 오랜 세월 동안 자신이 아들을 키우는 방식이 그릇되었다는 것을 알았다면, 그렇게 키우지 않았을 것이다. 크리스틴은 의도적으로 아들을 잘못 키운 것이 아니었다. 대부분의 부모가 그렇듯 자녀 교육 강의 같은 걸 들으러 다닌 적도 없고, 무엇이 지혜로운 것인지도 알지 못했다. 그저 자신에게 옳다고 여겨지는 대로 행동했고 그것을 잘하는 일이라고 생각했던 것이다.

배우지 않고도 잘하는 사람은 없다. 대부분의 부모는 자녀를 교육해본 경험이 없거나 부족하기 때문에, 그들이 실수를 저지르는 건 당연한 일이다.

당신은 상황이 종료되고 나서야 스스로 "그런 실수를 저지르지 말았어야 했는데", "그러면 안 된다는 걸 왜 몰랐을까?", "애초부터 이렇게 될 줄 알았더라면……"이라고 말하는 편인가? 그렇다면 당신도 크리스틴처럼 죄책감을 느낄 가능성이 크다. 하지만 어떤 사람도 미래를 내다볼 수는 없다. 미래에 어떻게 될지 그 누구도 백 퍼센트 알지 못한다. 오늘 내리는 결정이 내일 옳은 것으로 판명될지 아무도 알지 못한다.

우리 모두는 현재 아는 것을 기준으로 행동할 수밖에 없다. 그러나 불완전하고 실수하는 인간이다 보니, 간혹 잘못된 결정을 내린다. 실수를 줄이려고 노력할 수는 있다. 하지만 결코 완벽해질 수는 없다. 그러므로 스스로 완벽하고 실수 없는 인간이 되기를 기대하는 것은 부당한 일이다.

"좋아요. 그러나 아들이 그렇게 자란 데에는 크리스틴에게 책임이 있는 것은 맞잖아요."

꼭 그렇지는 않다. 엄마들은 아이들의 행동에 대해 자기 자신에게 책임이 있다고 느끼는 경향이 강하다. 실제로 자초한 것보다 더 많은 책임을 느낀다. 물론 크리스틴의 아들이 현재 독립적이지 못하고 우유부단한 것에 크리스틴이 일정 부분 기여한 것은 틀림없다. 하지만 이제 그는 다 컸다. 자신의 인생과 자신의 행동에 스스로 책임을 져야 할 나이인 것이다. 물론 자신이 게으른 것과 의욕이 없는 것을 엄마 탓으로 돌리면 쉬울 것이다. 그러나 그는 더 이상 엄마의 돌봄과 보살핌이 필요한 아기가 아니다. 더 독립적으로 키워진 또래 친구들보다는 약간 힘든 부분이 있겠지만, 그래도 이제 자신의 행동에 스스로 책임져야 할 나이가 되었다.

오래전 모 연구의 일환으로 일란성 쌍둥이들을 대상으로 한 설문 조사가 이루어진 바 있다. 한 쌍둥이의 경우 아버지가 알코올 중독자였다. 20년 후 연구자들은 다시 한 번 그 쌍둥이를 찾아갔다. 쌍둥이 중 하나는 꽤 큰 회사에서 높은 직위에 올라가 있었고, 다른 한 사람은 아버지처럼 알코올 중독자가 되어 있었다. 이 두 쌍둥이에게 "어떻게 오늘날과 같은 사람이 되었는지요?"라고 물으니 둘은 정확히 똑같은 대답을 했다. "우리 아버지 밑에서 달리 어떻게 할 수 있었겠습니까?"라고 말이다. 보라. 한 사람은 아버지에게 실패의 책임을 돌렸고, 또 한 사람은 절대로 아버지처럼 살아서는 안 되겠다는 자극을 받았다. 모든 사람은 스스로의 삶에 책임이 있다.

크리스틴이 자신의 잘못을 직시할지라도, 죄책감을 가질 필요는 없다. 오히려 죄책감 때문에 우울해져서, 자신의 잘못을 만회하지도 못하고 있지 않은가! 좀 더 현실적으로 대처할 때에야, 즉 실수를 인정하면서도 그것 때문에 스스로를 비하하지 않을 때에야, 아들이 독립된 인간으로 설 수 있도록 도와줄 수 있다. 죄책감은 누구에게도 도움이 되지 않는다. 크리스틴이 아이를 기르며 실수를 한 것은 유감 스런 일이다. 그러나 그런 실수를 하면 안 될 이유가 뭐란 말인가?

"그 편이 아들에게 더 좋았을 테니까요."

그렇다. 그러나 단지 아들에게 그 편이 더 좋았을 것이기에 크리 스틴이 실수를 하지 말았어야 한다는 주장은 "돌아오는 주말에 우 리 가족이 야외로 소풍을 가기로 했으므로 비가 와서는 안 된다"고 말하는 것이나 다름없다.

경험이 부족하고 잘 몰라서 실수를 했다면 자신의 불완전성을 용서하는 편이 제일 좋다. 얼마나 손해를 입었고, 얼마나 후유증이 있으며, 얼마나 나쁜 결과를 초래했는지와는 무관하게 죄책감은 그 어떤 경우에도 쓸모가 없다.

필요한 건 죄책감이 아니라 해결책이다
—

"좋아요. 사람이 미래를 내다보거나 내일 일을 미리 알 수 없다는 것쯤은 알아요. 죄책감을 갖는 것이 무의미하다는 것 도 알겠어요. 하지만 누군가 뭔가를 하는 동시에 그 행동이 잘 못된 거라는 것을 안다면, 마땅히 반성하고 자책하고 책임을 느껴야 하는 것 아닌가요?"

그러나 모든 사람은 적잖이 정서적 문제들을 안고 있다. 그런 문제들 때문에 스스로와 다른 사람을 대할 때 완벽하게 이상적인 행동을 하지 못하는 것이다.

가령 무슨 일이 바라는 대로 진행되지 않는다고 쉽게 흥분해서 분노를 폭발시켰거나, 말썽을 피운다고 자녀들에게 소리를 질렀다면 유감스러운 일이다. 하지만 그로 인해 죄책감을 느낀다면 그것은 자신에게나 자녀에게나 전혀 도움이 되지 않는다. 이렇듯 흥분하고 필요 이상으로 화를 낸 것은 좌절에 대처하는 능력이 부족해서였다. 이제 스스로에게 '그러지 말아야 했다'고 말한다면, 불가능한 것을 요구하는 꼴이다. 다르게 행동하는 것은 불가능했다. 실패에 분노가 아닌 다른 반응으로 대처하는 법을 배워야만 아이들에게 더 적당한 반응을 보일 수 있다.

자신이 안고 있는 정서적인 문제에 대해 왜 이런 문제를 가지게 되었는지 모르겠다며 그런 문제를 가져서는 안 된다고 요구하는 것도 마찬가지다. 그것은 무리한 요구다. 당신이 그런 성향이 있다면 자녀들을 좀 다르게 다룰 수 있을 때까지 자신의 문제를 인정하는 편이 낫다. 죄책감을 갖는 대신 문제해결에 집중하라. 많은 사람들은 배우자를 맞아들여 자녀를 키우는 데 있어 자기를 자신의 부모와 무의식 중에 비교한다. 자기 부모보다는 어떻게든 더 잘하려고 한다. 아이들과 더 많은 시간을 함께 보내고자 하고, 더 인내심을 발휘하고자 하고, 배우자와 싸움을 벌하고자 한다. 그러나 부모보다 더 잘하겠다는 결심만으로 더 좋은 부모나 배우자가 될 수는 없다. 인내심 있게 새로운 행동을 연습하지 않고는, 계속해서 부모를 거울 삼아 배웠던 대로만 반응한다. 그것은 당연한 일이다. 그렇다고 죄책감으로 '뒷북'을 치는 것은 도움이 되지 않는다.

대부분의 정서적 문제들은 자신과 주변 사람들에게 그들이 충족시킬 수 없는 비현실적인 요구들을 제기하기 때문에 발생한다. 자신과 주변 사람들이 완벽하기를 기대하는 마음을 버린다면, 심리치료사들은 거의 대부분 실직하고 말 것이다.

크리스틴은 또 한 가지 이유에서 죄책감을 느꼈다. 그녀는 우울한 기분으로 인해 전처럼 집안일을 제대로 처리하지 못했다. 종종 피곤하고 하기 싫어 몇 가지 일은 그냥 내버려두었고, 남편도 전처럼 잘 챙기지 못했다. 그리하여 크리스틴은 자신이 집안일도 제대로 하지 못하는 형편없는 주부이자 아내라고 스스로를 비난했다. 이제 주부로서도 빵점이라고 스스로를 비난했다. 크리스틴은 자신에게 불가능한 것을 요구했다. 우울한 사람은 에너지와 활력을 잃은 상태이기 때문에 아무 문제가 없었을 때만큼 일을 처리하지 못한다.

자, 크리스틴의 죄책감은 어디에 도움이 되었는가? 죄책감이 문제들을 더 잘 해결하고, 맡겨진 일들을 더 잘할 수 있도록 도와줬는가? 천만에! 그 반대였다. 스스로를 비난하면 비난할수록, 크리스틴의 상태는 더 나빠졌고, 할 일은 자꾸만 손에서 빠져나갔다.

보라. 죄책감을 가지는 것은 아무에게도 도움이 되지 않는다. 자신에게도, 다른 사람에게도 말이다. 따라서 죄책감에 이제 종지부를 찍으라.

죄책감을 몰아내기 위한 질문들

—

1. 죄책감이 솟아날 때 '내가 일부러 그렇게 행동했는가? 일이 어떻게 될지 내가 알았는가?'라고 자문하라.

이 질문에 '아니다', '몰랐다'라는 대답이 나오면 자신이 앞일을 알수 없는 연약한 인간임을 생각하라. 행동을 하는 시점에는 그런 행동이 맞다고 생각했음을 기억하라. 자신이 때때로 잘못을 저지르는 실수 많은 사람임을 인정하라.

2. 뭔가 잘못된 행동을 했다 해도 그 행동이 자신을 나쁜 사람으로 만들 수 없음을 상기하라.

어리석은 행동을 했다고 해서 어리석은 사람인 것은 아니라는 점을 분명히 하라.

3. "그러지 말았어야 했는데……"라고 말하기를 중단하고, 대신에 이렇게 말하라.

"그때는 잘하는 건 줄 알고 그렇게 행동했어. 내게 그런 일이 일어난 것은 유감스러워. 하지만 내가 모든 길 다 잘할 수는 없어. 난 그 순간에 최선을 다했을 뿐이야. 경험이 부족해서 그랬을 뿐이야." 그러고 나서 자신의 실수를 어떻게 하면 만회할 수 있을지를 생각하라. 만회할 수 없는 성질의 것이라면, 그냥 자신의 불완전성을 인정하고, 어떻게 하면 앞으로 그런 실수를 저지르지 않을 것인지를 생각하라.

4. 다음 질문을 던지라.

"내가 다른 사람을 책임지고 있는가?", "배우자와 아이, 일과 동료들을 책임지고 있는가?" 이 질문에 '그렇다'라고 대답했다면 다음을 분명히 하라. "나는 다른 사람들의 기분과 행동을 결정할 수 없다. 난 단지 나의 기분과 행동만 통제할 수 있을 뿐이다. 다른 사람들이 아파하고, 내 행동에 상처받고, 우울해하고, 결코 자신들에게 도움이 되지 않는 행동을 한다면 유감스러운 일이다. 하지만 나는 다른 사람들의 감정과 행동을 좌지우지할 수 없고, 그러니 그에 대해 책임을 느낄 필요가 없다. 다른 사람들이 내 행동에 상처받고 우울해한다면 유감이다."

다른 사람의 상태가 어떻든 관심을 갖지 말라거나 내버려두라는 소리가 아니다. 다른 사람들이 그들 자신의 부정적인 생각으로 말미암아 문제를 만든다면 유감이다. 하지만 당신은 그것을 막을 수 없다. 물론 다른 사람들이 특정한 말에 민감하거나 알레르기 반응을 보인다는 것을 미리 알고 있다면 마땅히 배려를 해야 한다. 어느 정도로 배려할 것인지 당신 스스로 결정할 수 있다. 그러나 다른 사람들을 배려하기 위해 얼마나 애쓰는가와는 상관없이 당신은 결코 백 퍼센트 잘해낼 수는 없다. 백 퍼센트 잘하려면 다른 사람들의 머릿속을 들여다보아야 할 것이고, 이 사람들이 특정한 일에 대해 어떻게 생각하는지를 알아야 할 것이다. 또한 다른 사람들의 입장을 일일이 헤아리며, 자신의 욕구와 바람은 포기해야 할 것이다.

5. 당신의 말에서 "내가 이러이러하게 해야 했는데", "나는 이러이러하게 해야 해", "나는 이러이러하게 해서는 안 돼!" 등의 말을 지워버려라.

이런 요구를 '이러이러하게 하면 좋을 거야', '이러이러하게 하고 싶어' 등의 바람으로 대체하라. 가령 "실수를 저질러서는 안 돼"라고 말하는 대신 "실수를 하지 않으면 좋을 텐데"라고 말하라.

　자신에게 완벽을 요구하지 말라. 당신은 슈퍼맨이 아니라 한 사람의 불완전한 지구민일 따름이다.

6 '어떤 사람이 내게 와서 내가 죄책감에 시달리고 있는 바로 그 문제로 괴로움을 토로하면 그에게 뭐라고 말할까?'를 생각하라.

당신은 그 사람을 안심시키고 도움이 되는 말을 할 것이다. 이제 스스로에게도 그렇게 말하라. 친구에게 해주려는 바로 그 말로 스스로를 위로하라. 친구에게 하듯이 스스로를 이해하라. 다른 사람에게 친절하고 상냥하게 대한다면, 자신에게도 그렇게 대하라. 그것이 옳은 일이다.

7. '아, 내가 그때 이러이러하게 했더라면……', '그런 일을 저질러서는 안되는 것이었는데……'라는 생각이 맴돌 때면 그 생각을 중단시켜라.

속으로 혹은 소리 내어 "그만!"이라고 외치고, "나는 그 상황에서 옳다고 생각했고, 내가 할 수 있었던 것을 했어. 그건 이미 지나간 일이고, 난 그걸 인정할 준비가 되어 있어"라고 말하면서 그 생각을 중지시켜라.

8. 다음 말들을 30일 동안 하루 한 번씩 읽으면 죄책감에서 해방되는 데 도움이 될 것이다. 녹음해서 들으면 더 좋을 것이다.

"오늘부터 나는 더 이상 죄책감을 갖지 않기로 결정한다. 나는 내가 인간이며, 모든 인간이 그렇듯 나도 실수할 수 있음을 안다. 앞일을 알지 못하기 때문에 언제나 옳은 결정만을 내릴 수는 없다. 언제나 현재의 지식과 경험을 토대로만 결정을 내릴 따름이다. 완벽하지 못한 사람이기에 나는 때로 어리석게 행동한다. 때로는 감정에 이끌려 실수를 할 때도 있다. 그러나 어떤 이유로 잘못을 했든 간에, 나중에 죄책감에 시달리는 것은 거부하겠다. 일어난 것은 일어난 것이다. 나는 어리석은 행동을 유감스러워하고, 다음부터 또다시 그런 일을 되풀이하지 않고자 노력할 수 있다. 하지만 그 일을 되돌릴 수는 없다. 나는 주어진 상황에서 옳다고 생각한 대로 행동했다. 나는 최선을 다했다. 내가 어리석은 행동을 했다고 내가 나쁜 사람이 되는 것은 아니다.

다른 사람들이 상처를 받고 화가 나고 나의 행동에 불쾌한 반응을 보인다면 유감스러운 일이다. 하지만 다른 사람들의 반응에 내가 책임이 있는 것은 아니다. 이들은 내 행동에 스스로 화가 났다. 모든 사람들은 스스로 자신의 기분을 결정한다. 다른 사람들이 나의 생각과 감정을 통제할 수 없는 것과 마찬가지로 나도 다른 사람들의 생각과 감정을 좌우할 수 없다.

내가 다른 사람들에게 늘 잘해주려고 노력할지라도, 사람들이 기분 나빠하거나 화를 낼 수 있다. 그럴 때면 내가 왜 그렇게 행동했는지를 설명할 것이다. 하지만 죄책감을 느끼고 자책하는 일은 거부할 것이다. 다른 사람들은 나와 나의 행동을 비난할 권리가 있다. 그들은 나의 행동을 비판할 수 있다. 이런 경우 나는 나 역시 실수 많은 인간일 뿐임을 분명히 할 것이다. 내가 불완전하다고 하여 죄책감으로 나를 벌주는 실수는 범하지 않을 것이다. 나는 고요히 나의 어리석음을 시인하고, 앞으로는 그런 행동을 하지 않고자 노력할 것이다. 그것이 내가 할 수 있는 모든 것이다."

죄책감으로 힘들어하는 것은 무척 떨치기 힘든 습관이다. 이런 습관에서 벗어나기까지 몇 주, 또는 몇 개월이 걸릴 수도 있다. 인내심을 가져라.

08

"아무리 애를 써도 의욕이 안 나."

―우울증에 대처하는 법

우울증은 어떻게 나타나는가?

―

우울증은 사람들이 심리치료사를 찾는 가장 흔한 원인이다. 약 20
퍼센트의 인구가 인생을 살아가면서 한 번쯤 우울증을 경험한다. 일
반 병원(신경정신과 말고)에 내원하는 환자 열 명 중 최소한 한 명은
우울증이 있다.

우울증은 한 가지 감정이 아니라, 여러 가지 감정과 신체적인 변
화와 행동방식이 혼합된 형태다. 생각, 감정, 행동, 신체 모두에 우울
증이 닥친다.

1. 부정적인 생각

우울증의 가장 큰 특징은 부정적이고 염세적인 생각이다. 자신과 주
변 사람들과 미래에 대한 부정적인 생각들이 끊임없이 맴돈다. 우
울한 사람은 자기 비난과 죄책감으로 자신을 괴롭힌다. 그들은 자신

에 대해 매우 부정적인 상을 가지고 있다. 그들은 인생을 무의미하다고 생각하며, 결코 더 이상 행복해지거나 건강해질 수 없다고 믿는다. 이런 부정적인 생각의 결과로 부정적인 기분과 감정이 생겨난다. 그리하여 집중력이 떨어지고, 뭔가를 명심하고 기억하기도 힘들다. 스스로 무슨 일을 결정하기가 어렵고 아주 많은 시간을 이럴까저럴까 고민하는 데 할애한다. 생각은 모든 것이 허무하고, 자신은 실패자라는 등 언제나 같은 주제를 맴돈다.

2. 불안한 감정

사랑하는 사람을 잃으면 누구나 슬픔을 느낀다. 슬픔은 상실에 대한 자연스런 반응이고, 시간이 흐르면 다시 극복된다. 그러나 우울증이 있는 경우는 그렇지 않다. 그런 사람들에게는 상실감이 아주 오래 지속되고, 시간이 지나면서 강화되기도 한다. 점점 더 울적해지고, 점점 더 의기소침해지며, 사람을 옥죄는 강한 죄책감과 열등감이 더해진다. 무기력이 확산된다. 기쁨과 만족감은 줄어들고, 대신 답답함과 허무감이 커다랗게 자리한다. 미래에 대한 두려움, 결코 다시 건강해질 수 없을 것 같은 두려움, 가족들에게 버림받거나 거부당할 것 같은 두려움 등 공포감이 들기도 한다. 강한 내적 불안으로 가만히 앉아 있을 수조차 없이, 안절부절못하고 코너에 몰린 것 같은 기분이 된다.

3. 소극적인 행동

우울한 사람들은 모든 일이 힘들고 모든 일이 부담스럽다. 같은 일을 하는 데 더 많은 시간이 들어가고, 툭하면 일을 미루려고 한다. 예전의 취미나 관심사도 포기한다. 더 이상 그런 것들에 즐거움을 느끼지 못하기 때문이다. 그들은 스스로를 꽁꽁 격리시켜 점점 폐쇄적으로 살며 주변 세계와의 접촉을 최소한으로 줄인다.

4. 허약한 신체 상태

우울증이 있는 사람들은 힘과 에너지가 없다. 불면증이 올 수도 있고, 반대로 너무 많이 잘 수도 있다. 평소보다 더 많이 먹거나 반대로 식욕부진에 시달리기도 한다. 성욕이 감퇴하는 경우도 있다. 그밖에 두통, 복통, 등 통증, 가슴 통증, 혹은 변비나 설사가 나타날 수도 있다. 심한 경우 아침에 일어나서 옷을 입는 것조차 너무 힘들게 느껴진다.

우울증의 악순환

—

생각, 감정, 행동, 신체상태는 상호 영향을 끼친다. 그리하여 부정적인 생각은 슬프고 울적한 감정으로 이어진다. 이들 좋지 않은 감정들은 자기 자신을 점점 더 다른 사람들 앞에서 위축되게끔 한다. 혼자 있다고 해도 뭔가를 하는 것이 쉽지 않다. 모든 것이 힘들게 느껴지고, 한마디로 수동적이 된다. 그러나 행동을 기피할수록 더 게을러지고, 마침내 할 수 있는 게 아무것도 없는 듯한 느낌이 든다.

이제 스스로 다른 사람의 짐이 된다는 느낌을 갖게 되고, 그러면 자신에 대한 부정적인 상이 강화된다. 신체적으로나 정서적으로 상태가 좋지 않다 보니 식욕이 감퇴되고 식사량도 줄어든다. 그러다 보니 몸도 약해지고 힘도 없다. 아니면 반대로 폭식을 하기도 한다. 무슨 일을 하기 위해 정신 차리고 분발하는 것은 점점 더 힘들어지며, '난 아무짝에도 쓸모없는 인간'이라는 느낌이 강해진다. 그리고 이런 부정적인 생각을 하면서 더 우울해진다. 이런 악순환을 통해 점점 더 우울증에 깊이 빠져드는 것이다.

하지만 희망은 있다. 우울증 역시 우리의 힘으로 극복할 수 있는 것이기 때문이다.

우울증에는 다음과 같은 것들이 있다

—

1. 심인성 우울

→ 우울성 적응장애(반응성 우울)

이런 형태의 우울은 배우자와의 사별이나 이혼, 실직이나 직업적·재정적 문제, 혹은 인간관계의 문제들을 정서적으로 적절히 극복하지 못할 때 찾아온다. 이런 우울이 찾아오면 일상생활에 자신이 없어지고 두려움과 걱정이 많아진다. 사람을 우울하게 하는 것은 헤어짐이나 상실의 체험 자체가 아니라 그것을 다루는 방식이다. 가장 흔한 우울증으로, 우울증을 앓는 대부분의 사람들이 우울성 적응장애에 속한다. 우울증이 있는 독자라면 여기에 속할 확률이 가장 높다.

➜ 신경증적 우울

여러 해에 걸쳐 우울한 기분에 시달리며 대부분 불면증이나 피로와 같은 신체적 장애를 동반한다. 모든 것이 너무 힘들고, 그 어떤 것도 기쁘지가 않다. 일상의 할 일들에는 커다란 긴장과 스트레스가 함께한다. 기본적으로 염세적이다.

➜ 피로성 우울

이런 형태는 사적·공적으로 심리적 과부하가 장기적으로 지속되는 경우, 결혼생활의 갈등이 장기화되는 경우 등에 나타난다.

2. 내인성 우울

내인성 우울은 정도에 따라 경증 우울과 중증 우울로 나뉜다. 가볍거나 중간 정도의 우울에서는 지속적인 낙담, 흥미 저하, 쉽게 피로해지는 증상 중에서 최소 두 가지가, 심한 우울증에서는 세 가지 모두 나타난다. 집중력 저하, 주의력 결핍, 죄책감, 자존감과 자신감 저하, 스스로가 무가치하다는 생각, 염세주의, 자살 충동, 불면증, 식욕부진 중에서는 가벼운 우울증의 경우 최소 두 가지, 중간 정도의 우울에서는 최소 세 가지, 심한 우울은 최소 네 가지를 동반한다. 내인성 우울의 특별한 형태는 조울증이다. 조울증의 경우 기분이 하늘과 지옥을 오간다. 며칠 혹은 몇 주를 하늘에 오를 듯, 즐겁고 들뜬 기분으로 있다가 하루아침에 깊은 나락에 떨어지기도 한다. 이런 양극성 우울의 경우는 약물치료가 불가피하다. 적절한 약물에 힘입어 극단에 치우치는 상태를 피할 수 있다. 약물과 더불어 심리치료를 병행하면 도움이 될 것이다.

3. 기질성 우울

간질, 뇌종양, 순환계, 소화기, 혹은 감염성 질병, 심근경색, 갱년기 장애, 중독현상 등 신체적 질병이나 질병으로 인한 약물 복용에 따른 부작용으로 유발되는 우울이다.

4. 계절성 우울

이 우울증은 가을이나 겨울에 찾아오며, 봄이 시작되면서 없어진다.

특히 우울증에 잘 걸리는 사람

—

우울증에 잘 걸리는 기질, 혹은 우울증 인자를 가진 사람들이 있다는 말을 들어보았을 것이다. 그러나 아직 사실로 입증된 내용은 아니다. 특히 약물치료를 필수적이라고 보는 전문가들이 그렇게 말하는 경우가 많다. 그들은 약물을 우선적으로 처방하고, 약물 없이 우울증을 극복하는 것에 대해서는 관심이 없다. 그러나 우리는 우울증에 잘 걸리는 기질 같은 것은 없다고 본다.

대신 학자들의 연구에 따르면 다른 사람들에 비해 상처를 잘 받는 사람들이 있다고 한다. 이런 사람들은 스트레스 상황에서 우울증으로 반응할 확률이 크다. 그 밖에도 우울증 환자의 경우 때로 노르아드레날린과 세로토닌이라는 물질을 전달하는 신경회로망의 장애가 관찰된다.

우리는 우울증에 걸리려고 세상에 태어난 것은 아니며, 우울증 판정을 받기 위해 세상에 태어나지 않았다. 우울증은 보통 자기 자신과 세계를 보는 방식이 어떠한가와 깊은 관계가 있다. 그것은 어릴 적부터 습득된 기준과 가치관이다. 그러나 그런 기준과 가치관은 비판적으로 점검되어야 하며, 그것에 문제가 있는 경우, 습득된 것이므로 굳이 그것들을 안고 살 필요는 없다. 세계와 자신을 보는 우리의 기준이 우리에게 해를 끼칠 뿐임을 안다면 우리는 그것들을 변화시킬 수 있다.

심리치료사의 도움이 필요한 경우

—

우울증이 심한 경우는 경험 있는 심리치료사의 도움을 받는 것이 불가피하다. 스스로에게 희망이 없는 것처럼 느껴지고, 심한 경우 죽고 싶은 생각이 든다면 반드시 도움을 구해야 한다. 스스로 오래 전에 희망을 버린 사람도 도울 길이 있음을 우리는 경험상 알고 있다. 심지어 오랜 세월 우울증을 앓아왔을지라도, 나아질 수 있음을 믿으라.

당신이 우울증으로 의료적 처치를 받고 있는데 의사가 약만 처방해준다면, 당신은 무조건 추가로 심리치료를 받아야 한다. 약만으로는 우울증이 치료되지 않는다. 그것은 우울증의 원인에 작용하지 않기 때문이다. 약은 치료의 보조수단일 따름이다.

심리치료를 받고 주위에 있는 셀프헬프 그룹을 찾아보라.

무기력한 현재, 암울한 미래

—

우울증 약을 꼭 복용해야 하는지 묻는 사람이 있다. 그건 우울증의 종류에 따라 다르다. 가볍거나 중간 정도의 우울증은 대부분 인지행동치료에 근거한 심리치료의 도움만으로 극복할 수 있다. 심한 우울증의 경우 초기에는 종종 심리치료와 항우울제 복용을 병행하는 것이 좋다. 또한 고농축 세인트존스워트(물레나물과의 여러해살이풀)도 잘 듣는다.

또한 가볍거나 중간 정도의 우울증에는 산책이나 운동이 효과적이다. 일주일에 최소 세 번 30분씩(더 자주하면 더 좋을 것이다) 신체활동을 하라. 신체를 움직일 때 체내에서 기분을 밝게 하는 호르몬이 분비되는 것으로 추정된다.

우리 치료실을 찾아온 이레네는 우울증이 있는 46세의 여성이다. 이레네는 5년 전, 10년간의 결혼생활을 정리하고 남편과 헤어졌다. 그녀는 자신의 현재 상황을 이렇게 묘사한다.

"남편이 떠난 후, 아주 힘겹게 살아가고 있어요. 아침이 가장 안 좋아요. 일어나야 한다는 사실 자체가 두려워요. 회사에서도 도무지 집중을 할 수 없고, 때로 아주 간단한 것도 생각이 나지 않아요. 이런 상황이 계속된다면 나는 회사에서 쫓겨날 거예요. 다른 사람들은 벌써 나를 못 본 척하기 시작했어요. 내가 계속 울적해 있고, 툭하면 울음을 터뜨리니까요. 남편이 왜 나를 떠났을까 하는 질문이 계속 나를 괴롭혀요. 남편의 새로운 여자는 내게 없는 무엇을 가지고 있을까? 나는 남편 없이는 살 수 없어요. 난 결코 더 이상 행복해질 수 없어요. 모든 것이 절망적이고 무의미해요."

이레네의 묘사는 주로 세 가지 영역을 맴돈다.

1. 스스로와 인간으로서의 자신의 가치
2. 현재 상황과 주변 사람들
3. 미래

당신도 이레네와 비슷한 사람이라면, 생각이 다음을 맴돌 것이다.

1. 당신이라는 사람

당신은 스스로를 비판하고, 스스로에 대해 불만스러워하며, 스스로를 비하하고, 자신의 실수와 약점만을 본다. 자신은 다른 사람들에게 호감을 주지 못한다고 믿는다. 스스로 실패를 자초했다고 믿으며, 어떤 일에 성공하면 그것을 자신이 아닌 운이나 우연의 공으로 돌린다.

"나는 아무짝에도 쓸모가 없어."

"나는 실패자야."

"나는 무능력한 인간이야."

"나는 다른 사람들이 좋아할 만한 사람이 못 돼."

2. 당신의 경험

무엇을 경험하든 부정적으로 다가온다. 어디나 문젯거리뿐이고, 해결할 수 없는 어려움들만 쌓여 있다. 스스로 무기력함을 느끼며, 자신과 자신의 인생을 통제할 수 없다고 생각한다.

"너무 힘들어."
"난 못해."
"참을 수 없어."
"난 모든 걸 그르쳐."

3. 당신의 미래

미래는 어둡게 다가온다. 자신의 상황과 형편이 변하지 않을 거라고 생각한다.

"정말 구제불능이야."
"희망을 가질 수 없는 상태야."
"가망이 없어. 난 결코 다시 행복해질 수 없어."
"나는 여기서 결코 빠져나갈 수 없어."

우울증에서 벗어나고자 한다면, 자신과 자신의 현 상태와 미래에 대해 생각을 바꾸는 것이 중요하다. 당신은 현재를 실제보다 더어둡게 보며, 그 생각 때문에 무력감에 빠진다. 사실에 근거한 생각을 해야 한다. 그러면 다시금 힘이 솟고, 기분이 밝아질 것이다.

우울한 사람들의 전형적인 생각 몇 가지를 좀 더 자세히 살펴보고, 건강한 사고를 위한 두 원칙으로 점검해보자.

우울한 사람들이 빠지는 부정적인 생각들

—

부정적인 생각들은 우선 우리를 우울해지게 만든다. 우울한 사람들은 현 상황과 미래를 비관적으로 생각한다. 이별, 실직, 배우자와의 갈등, 만성 질병, 고독 등이 견딜 수 없다고 생각한다. 그리고 다른 한편 자신과 자신의 우울을 부정적으로 생각하면서 우울증을 더욱 강화시킨다. 이런 부정적인 생각들을 점검하고, 상황에 적합한 도움이 되는 생각들로 대치해보자.

♥ 부정적인 생각

"나는 일을 제대로 해낼 수 없어. 정말 끔찍한 사실이야. 난 이제 아무짝에도 쓸모없는 사람이야." 직장생활을 하는 경우 당신은 이렇게 덧붙일 것이다. "이런 상황이 계속된다면 나는 회사에서 쫓겨날 거야. 그러고 나면 모든 게 끝장이야. 난 재기할 수 없을 거야."

→ 이런 생각은 사실과 부합하는가?

어떻게 생각하는가? 이런 생각은 사실에 부합하기도 하고 부합하지 않기도 하다. 현재 당신이 업무를 제대로 해내지 못하고, 부담스러워하며, 같은 일을 처리하는 네 시간이 더 걸리는 것은 사실일지도 모른다. 그런 점에서 이런 생각은 사실에 부합한다. 그러나 그 사실이 끔찍하며, 이제 당신은 아무짝에도 쓸모없는 사람이라는 결론은 어떤가? 그것도 사실인가? '물론이에요'라고 당신은 말할 것이다. '나는 그렇게 느껴요'라면서 말이다. 그렇다. 당신은 그렇게 느낀다. 그러나 또한 그렇게 느끼기 때문에 그 생각이 사실에 부합한다고 생각하는가? 한 가지 질문을 던져보자. 당신이 업무를 더 이상 제대로 해내지 못한다는 사실보다 더 나쁜 것을 상상할 수 있는가? 더 읽기 전에 잠시 생각해보라.

배우자나 가족 중 한 사람이 병에 걸리거나 심지어 세상을 떠난다면 더 나쁘지 않겠는가? 교통사고로 다리 하나를 잃거나 마비가 된다면 더 나쁘지 않겠는가? '물론이에요'라고 당신은 대답할 것이다. 그러므로 당신이 더 이상 예전처럼 일을 해내지 못한다는 사실은 끔찍한 것이 아니다. 끔찍하다고 한다면 과장이다. 동의하는가? 그런 사실이 유감스럽거나 불쾌하다고 생각하는 것이 더 맞을 것이다.

뭔가를 끔찍하게 여기면, 마치 그것이 세상에서 가장 나쁜 일인 것처럼, 그것이 최고로 불행한 일인 것처럼 행동하게 된다. 그러나 그렇지 않다. 언제나 더 나쁘고 더 비극적인 일이 있다.

따라서 스스로가 아무짝에도 쓸모없는 사람이라는 당신의 결론은 사실에 부합하지 않는다. 우리는 당신을 개인적으로 알지 못하지만, 당신이 결코 아무것도 할 수 없는 사람이며, 아무짝에도 쓸모없는 사람이라고 믿지 않는다. 그렇게 말하는 것은 과장이다. 그렇지 않은가?

→ **업무를 제대로 처리할 수 없다는 게 끔찍하며, 스스로 아무짝에도 쓸모없다는 생각이 기분 좋게 사는 데 도움이 되는가?**

물론 그렇지 않다. 만약 그렇다고 생각한다면 당신은 더 절망적인 경우이고, 당신의 감정은 더욱 감옥에 갇혀 있는 것이다.

당신은 이제 이런 생각이 사실에 부합하지도 않으며, 스스로 기분 좋게 사는 데 도움이 되지도 않는다는 것을 알았다. 건강한 생각은 다음과 같을 것이다.

♥ 도움이 되는 생각

"나는 더 이상 업무를 예전처럼 빠르고 유능하게 할 수 없어. 그것은 사실이야. 하지만 우울증세가 있는 사람에게 그것은 아주 정상이야. 우울에서 벗어나자마자 난 다시 일을 척척 해낼 수 있을 거야. 내가 일을 예전처럼 유능하게 하지 못하는 것을 끔찍해하고, 더 이상 일을 제대로 하지 못할 거라고 생각하는 것은 전혀 도움이 되지 않아. 다리 하나가 부러지면 건강한 사람처럼 잘 걸을 수 없는 것이 당연해. 우울증도 마찬가지야. 내가 이 모양 이 꼴이라고 스스로를 탓하는 대신, 부정적인 생각으로 더욱더 부정적인 감정을 만들어내지 않도록 주의해야지."

♥ 부정적인 생각

"이제 나는 더 이상 그런 일을 할 수가 없어."

→ 이 생각은 사실에 부합하는가?

뭔가를 더 이상 전에 했던 것처럼 할 수 없을지도 모른다. 그렇게 더 이상 웃음이 나오지 않고, 전에는 아침에 벌떡벌떡 잘도 일어났었는데, 이제는 아침에 일어나는 것이 어려울지도 모른다. 취미에 더 이상 흥미를 느끼지 못할지도 모른다. 전처럼 집중할 수도 없고, 뭔가를 기억하는 것이 힘들 수도 있다. 이 모든 것은 사실에 부합한다.

그러나 이 말로 혹시 더 이상 그렇게 할 수 없다는 것이 끔찍하고 불행스런 사실이라는 말을 하고자 하는가? 감정상으로는 이런 상황이 비극처럼 다가온다. 하지만 정말로 그런가? 그렇지 않다. 위에서 이미 살펴보았듯이 우리가 뭔가를 끔찍하다고 표현한다면, 그것은 과장이 들어간 것이다. 여기서도 마찬가지다. 당신이 더 이상 전처럼 업무상의 능력을 발휘하지 못하는 것은 불행이 아니다. 더 이상 삶이 즐겁지 않더라도 끔찍한 일은 아니다. 물론 현재 당신이 이런 능력을 가지고 있다면 더 좋을 것이다. 그러나 그렇지 못하다고 불행한 것은 아니다. 당신이 그렇게 느낄지라도 말이다.

→ 그 생각이 기분 좋게 사는 데 도움이 되는가?

아니다. 더 우울하게 한다. 더 슬프고, 더 절망하게 한다.

보라. 이런 생각 역시 도움이 되는 생각이 아니다. 따라서 그것을 머릿속에서 추방하는 것이 좋다. 그것을 다음과 같은 도움이 되는 생각으로 대치하라.

♥ 도움이 되는 생각

"우울하면 많은 일들이 더 힘들게 느껴져. 불쾌하지만 사실이야. 나는 이제부터 주어진 하루하루와 작은 발전에 집중할 거야. 나는 최선을 다해 업무를 처리할 거야. 그것이 내가 지금 할 수 있는 모든 거야. 우울한 기분이 없어지자마자, 맡은 일도 더 잘해낼 수 있을 거야."

♥ 부정적인 생각

"모든 게 무의미해."

→ 이 생각은 사실에 부합하는가?

계속 읽기 전에 잠시 생각해보라. 어떻게 생각하는가? 당신이 그렇게 느낀다는 것은 사실이다. 그러나 정말로 모든 것이 의미가 없는가? 조금만 시간을 두고 생각해보면, 스스로 과장하고 있음을 알 수 있을 것이다. 모든 것이 의미가 없지는 않다. 이 책의 도움으로 자기 자신을 도우려고 노력하는 것이 의미가 없는가? 스스로 '의미가 없다'고 대답했다면 이렇게 물어보라. 그것을 어떻게 알고 있는가? 제대로 시험도 해보지 않은 채 무엇인가가 의미 없고 헛되다는 것을 어떻게 알 수 있는가? 모든 게 무의미하다는 것은 사실이 아니다. 배우자가 있다는 게 무의미한가? 그렇지 않다. 지금 당신의 눈에는 모든 것이 무의미해보일지라도, 객관적으로 볼 때는 그렇지 않다. 따라서 그 생각은 사실에 맞지 않는다.

→ 이런 생각이 스스로 기분 좋게 사는 데 도움이 되는가?
그렇지 않다. 모든 것이 무의미하다고 생각하면 당신은 더욱더 우울해지고, 그럴수록 우울증에서 빠져나오기가 힘들다.

　　보라. 마찬가지로 당신에게 이로울 것이 없는 해로운 생각이다. 도움이 되는 생각은 다음과 같다.

♥ 도움이 되는 생각

"내겐 모든 것이 무의미해 보여. 내가 모든 것이 무의미하다고 입버릇처럼 말하기 때문이지. 내가 부정적인 생각을 극복하면 할수록, 삶은 내게 더욱더 의미 있게 다가올 거야."

♥ 부정적인 생각

"아무런 희망이 없어. 아무도 나를 도와줄 수 없어."

→ 그 생각이 사실에 부합하는가?

그렇지 않다. 포기하지 않는 한, 무엇보다 스스로를 포기하지 않는 한, 희망은 있다. 현재로서는 아무런 빛도 안 보이므로 희망이 없는 것처럼 느껴질 수도 있다. 그러나 당신은 우울을 극복하고, 다시 기쁨을 느낄 수 있다. 당신이 모든 것이 절망적이라고 단정하지 않는다면 말이다.

→ 그 생각이 기분 좋게 사는 데 도움이 되는가?

그렇지 않다. 이런 생각은 기분을 더욱 옥죄고, 모든 것을 부정적으로 보게 한다. 모든 것이 무의미하다고 생각한다면 기분이 좋을 수 없다.

보라. 다시 도움이 되는 생각으로 대치해야 하는 해로운 생각이다. 도움이 되는 생각은 다음과 같을 것이다.

♥ 도움이 되는 생각

"모든 게 회색으로만 보여. 내가 문제가 있는 쪽만 쳐다보기 때문이지. 하지만 일생 동안 이렇게 우울하게 살 필요는 없어. 나는 우울을 극복할 수 있어. 다른 사람들도 그렇게 했고, 나 역시 그럴 수 있어. 나는 심리치료사의 도움을 받을 것이고, 그렇게 스스로 현재의 위기에서 벗어날 수 있는 기회를 만들 거야. 다른 사람들은 해냈어. 그러니까 나도 해낼 수 있어."

"나는 더 이상 견딜 수 없어."

➜ 이런 생각이 사실과 부합하는가?

아니다. 당신이 이런 상태를 정말로 더 이상 견딜 수 없다면 이 페이지도 읽을 수 없었을 것이다. 이미 죽었을 테니까. 사실인즉슨, 아무리 힘들고 고통스러워도 당신은 우울한 상태를 견딜 수 있다.

➜ 이런 생각이 스스로 기분 좋게 사는 데 도움이 되는가?

그렇지 않다. 이런 생각은 자신의 상태를 더욱더 참을 수 없는 것으로 만든다. 이런 생각을 통해 당신의 고통은 실제보다 훨씬 강하게 다가온다.

보라. 이 역시 도움이 되는 생각이 아니다. 당신에게 추가적인 고통만을 선사하므로, 몰아내야 할 생각이다. 그렇다면 어떤 생각이 도움이 될까?

♥ 도움이 되는 생각

"힘들긴 하지만, 난 이런 상태도 너끈히 견딜 수 있어."

우울증에서 벗어나려면

우리는 부정적인 생각, 감정, 행동양식을 통제하는 방법을 배워야 한다. 이런 부정적인 감정들과 행동양식을 해결해야 할 문제로 인식하면 좋을 것이다.

1. 우선 부정적인 생각에 선전포고를 해야 한다.

세계와 그 안의 모든 것을 다른 눈으로 바라보는 연습을 해야 한다. 그 모든 것들을 더 현실적이고 긍정적으로 보려고 해야 한다. 이를 위해 1장에서 4장까지를 다시 한 번 주의 깊게 읽어보라.

2. 우울하면 자연히 자기 의심에 시달리게 된다.

5장을 읽고 숙지하면서 자기 의심을 버려라. 그러고 나서 당신에게 가장 부담으로 다가오는 문제가 무엇인지 살펴보라. 죄책감이 심하면 7장을 꼼꼼히 읽고 숙지하라. 중요한 것은 스스로를 우울하게 하는 부정적인 생각을 바꾸는 것이다.

3. 능동적이 되라.

당신의 모든 감정은 믿을 수 없는 것임을 생각하라. 의심이 생기고, 무기력해지는 것은 부정적인 시각을 가지고 있기 때문이다. 부정적인 시각을 교정하고, 힘이 딸리는 게 느껴져도 자꾸 무엇인가를 시도한다면 더 많은 기쁨을 얻을 수 있고 수농석인 삶을 극복할 수 있을 것이다.

"의욕이 나고 할 마음이 좀 생기면 뭔가를 해보려고 해"라고 말하지 말라. 먼저 주도권을 쥐는 것이 중요하다. 그러고 나면 훨씬 좋아진다. 기분이 나지 않더라도 분발하여 무엇인가를 하면 그것이 우울에서 벗어나는 첫걸음이 된다. 무기력한 기분에 굴복하지 말고 오히려 반대로 나아가라. 가령 침대에 눕고 싶은 마음이 들어도 눕지 말고 뭔가 능동적인 행동을 하라.

하루를 시간 단위로 등분하여, 매 시간 처리하고 싶은 활동 목록을 만들라. 그 과제들을 예전과 같은 빠르기로, 예전과 같은 수준으로 해내는 것은 그리 중요하지 않다. 중요한 것은 뭔가를 한다는 사실 자체. 작은 성공을 거둘 때마다 스스로를 칭찬하고 보상하기를 잊지 말라. 이런 작은 성공들은 여느 때에는 별것 아닌 일일지 몰라도, 현재로서는 최고의 과업이다.

4. 자신의 생각에 유의하라.

'아무 소용없는 일이야, 너무 힘든 일이야, 난 할 수 없어, 내겐 너무 무리야, 정말 무의미해' 등의 생각을 하는 자신을 발견하게 될 것이다. 정말로 그런 생각이 든다 해도, 그것을 믿지 말라. 백 퍼센트 그 생각이 옳다고 말할 수 있기 전에는 뭔가를 무의미하게 여기지 않도록 해보라. 많은 생각이 증명되지 않은 추측일 따름이다.

용기를 잃거나 포기하지 말라. 우울증을 극복하는 것은 쉽지 않은 과제이지만, 충분히 가능한 일이다. 나아지지 않는다면 전문가의 조언과 도움을 요구하라.

5. 움직여라.

분발하여, 최소 일주일에 세 번, 30분씩 운동을 하라. 자전거를 타거나 걷거나 조깅을 하든지 하라. 신체 자세가 기분을 좌우한다는 사실을 기억하는가? 몸을 움직이면 정신도 움직일 것이다.

09

"다른 사람들 앞에 서면 나도 모르게 주눅이 들어."

—자신감을 북돋우는 법

'싫다'고 말하고 싶은데도 종종 '괜찮다'고 말하는가? 비판받을까 봐 어떤 의견이 있어도 발설하지 않고 속으로만 생각하는가? 가끔 손해 본다는 느낌이 드는가? 싸우기 싫어서 져주는 편인가?

이 질문들에 하나 이상 '그렇다'고 대답한다면, 당신은 자신감 부족일지도 모른다. 하지만 당신만 그런 것은 아니다. 세상 사람들 중 거의 모든 사람들이 그렇다고 해도 과언이 아니다. 언제 어디서나 자신감 있게 행동하는 사람은 아무도 없다. 그리고 또 언제 어디서나 자신감이 결여된 채 사는 사람도 없다.

클라우스는 직업적인 일에서는 단호하고 자신감이 있다. 회의에서건 협상에서건 자신 없는 구석을 찾아볼 수 없다. 하지만 사적인 자리에서 사람들을 만날 때면 종종 주눅이 든다.

기젤라는 물건을 아무것도 사지 않고는 방문판매원을 돌려보내기가 어렵다. 하지만 레스토랑에서 입에 맞지 않는 음식을 물리는 데에는 거리낌이 없다.

우리가 자신 없게 행동하는 이유

—

우리가 자신감 없는 태도를 보이는 주된 이유는 거부당할까 봐 두려워서다. 우리는 우리의 생각을 말하거나, 그 생각대로 행동하다가 거절당할까 봐 두려워한다. 왜 그런 두려움이 있는 걸까? 그것은 사람들로부터 인정받아야만 내가 가치 있는 사람이 된다는 잘못된 생각 때문이다.

우리는 다른 사람들의 판단으로 자신의 가치를 가늠하도록 배웠다. 스스로는 자신의 가치에 대해 아무 생각이 없거나, 자기 자신이 무가치한 사람이라고 생각한다. 그리하여 다른 사람들이 우리를 어떻게 생각하는지를 그토록 중요시하며, 다른 사람들로부터 인정받고 좋은 말을 듣기 위해 영혼까지 팔아버릴 지경이다. 심지어 많은 사람들은 다른 사람들에게 절대적으로 잘 보이려 한다. 그리하여 눈에 띄는 행동을 하지도 않고, 화가 나도 참고, 언제나 나긋나긋하게 대한다. 다른 사람들이 우리가 원하는 것을 주지 않으려고 해도 아무 말도 못한다.

사람들에게 거부당할까 봐 그토록 두려워하지 않는다면, 더 자신 있고 더 만족스럽게 살 수 있을 것이다. 자신감이 없으면 행복할 수 없다는 것이 확실하기 때문이다. 자신감이 없는 사람들은 자기 마음대로 하는 이기적이고 양심 없는 사람들에 대해 화를 낼 때가 많다. 물론 언제나 다른 사람들에게 신경을 쓰고 다른 사람들을 의식하는 자신에 대해서도 화가 난다. 그 결과 자기 연민이 일어날 때가 많다. 자기 연민은 우울증과 아주 가깝다. 그러므로 자신감 없는 사람들은 자신의 억압적인 행동에 아주 비싼 값을 치르는 것이다.

'싫다'고 말할 수 있는가?
—

자신감이 없는 사람들은 다른 사람으로 하여금 자기 자신을 무시하게끔 한다.

그렇다. 올바르게 읽었다. 자신감 없는 행동은 스스로 다른 사람들의 희생자가 되고자 한다는 표시다. 독재자도 신하가 있어야 존재한다. 신하들이 독재자에게 복종하고 그의 말을 따르면 따를수록 독재자는 그런 상황을 더 많이 이용하는 것이다. 다른 사람들 역시 당신이 허락할 때에만 '당신을 무시하고 짓밟을 수 있다'.

왜 그렇게 많은 음식점의 음식이 엉망인가? 행동과 말로 다른 사람들을 제압하려는 사람이 많은 것은 어찌된 일인가? 그들이 어떻게 하든지 나긋나긋하게 다 받아줬던 사람들 때문이다. 그들은 '신하들'에 의해 그렇게 행동해도 괜찮다는 것을 배웠다.

많은 사람들이 잘못 이해된 '고상함' 또는 '예의'로 "음식이 괜찮은가요?"라고 묻는 음식점 주인의 질문에 "네, 괜찮아요"라고 위선적인 대답을 하기 때문에 음식점 주인은 질 나쁜 음식을 계속 내놓

게 된다.

그러고 나서 속으로는 음식이 형편없다고 생각하여 다시는 그 음식점에 가지 않는다면 음식점 주인에게도 손님에게도 도움이 되지 않는 일이다. 당신은 소중한 돈을 형편없는 음식을 위해 지출했고 주인은 고객 하나를 잃은 것이기 때문이다.

주변 사람들에게 어떤 취급을 받는가는 당신에게 달려 있다. 스스로를 존경하고 존중할 때만이 주변 사람들에게서도 존경과 존중을 받을 수 있다. 무기를 휘두르면서 다른 사람들을 지배하라는 이야기가 아니다. 중요한 것은 우리 모두는 싫으면 '싫다'고 의사를 표현할 수 있는 권리가 있고, 그 권리를 활용할 수 있다는 것이다.

다른 사람들로부터 존중을 받고자 한다면 때로 싫으면 '싫다'고 말하라. 무조건 다른 사람의 말에 따르지 말고 스스로 옳다고 여기는 대로 하라. 당신이 다른 사람들에게 그들이 원하는 모든 것을 주면 다른 사람들이 당신을 인정할 것 같은가? 그 반대다. 비판과 비웃음과 욕을 먹어도 스스로 옳다고 여기는 것을 할 때만이 다른 사람들로부터 존중을 받을 수 있다.

당신은 어떤 사람들을 가장 많이 존중하고 존경하는가? 입에 발린 소리를 하면서 시종일관 상사에게 잘 보이려고 노력하는 동료를 존경하는가? 셔츠 갈아입듯 말을 바꾸는 이웃을 존경하는가? 아니면 설사 싫은 소리를 들어도 우직하게 자신의 소신을 펼치는 사람을 존경하는가? 틀림없이 후자의 사람을 존경하고 존중할 것이다.

인간으로서 우리가 가진 권리

—

자신감 있게 살기 위해서는 자신의 권리를 알아야 한다. 우리가 인간으로서 어떤 권리를 가지고 있는지를 살펴보자.

우리 모두는 우리가 인간이라는 사실에 근거하여 다음과 같은 권리를 가지고 있다. 이것은 자기 자신을 물론 다른 사람에게도 허용해주어야 하는 개인적인 권리들이다. 그래야 더불어 살아가는 것이 더 수월해진다.

1. 생각을 바꿀 권리

우리는 살아가면서 생각을 바꿀 권리가 있다. 오늘 '좋아요'라고 했던 일에 내일은 '아니요'라고 말할 수 있다. 때로 사람들은 우리가 과거에 했던 말에 우리를 꽁꽁 묶어놓으려고 한다. 우리가 의견을 바꾸는 것이 그들에게 손해가 되기 때문이다. 또는 그들은 우리를 이러이러한 사람으로 규정하고 싶어 하기 때문이다. 그들은 무책임하다고 비난하면서 우리를 자기들 마음대로 좌지우지하려 하고 우리를 옛 생각으로 돌아가게 하려 한다.

'어제 내가 뭐라고 멍청한 소리를 지껄였건 무슨 상관이야'를 모토로 삼아 행동하라는 이야기가 아니다. 변덕스럽게 이미 한 약속을 깨 라는 이야기도 아니다. 중요한 것은 우리의 생각이 틀렸다는 것을 확인하 게 된다면, 또는 이전의 결정을 고수하는 것이 개인적인 발전을 저해하거나 도움이 되지 않는다는 것을 깨닫게 된다면, 생각과 결정을 바꿀 권리가 있다는 것이다.

2. 뭔가에 관심을 가지지 않을 권리

사람들은 우리가 흥미를 가져야 할 것들을 미리 정해주기라도 하려는 듯하다. 그리하여 우리가 "그런 것엔 관심이 없어요"라고 말하면 종종 무책임하다거나 이기적이라고 혹은 비도덕적이라고 우리를 비난한다. 누군가가 우리에게 그런 비난을 한다면 그것은 단지 우리를 조종하여 이익을 챙기려는 의도다.

3. 양심의 가책 없이 부탁을 거절할 권리

부탁을 거절한다는 것은 부탁을 한 상대가 뭔가를 포기해야 한다는, 상대방이 자신이 원하는 것을 얻지 못하게 된다는 의미다. 그러므로 상대가 그에 대해 기뻐하지 않는 것이 당연하다. 하지만 원하는 것을 언제나 얻어야 한다는 법이 어디에 있는가?

우리는 다른 사람들의 바람을 채워주려고 이 세상에 존재하는 것이 아니며, 다른 사람들 역시 우리의 바람을 채워주려고 존재하는 것이 아니다.

4. 실수를 할 권리

아무도 완전하지 않다. 때로 사람들은 우리의 실수를 옳지 않은 것으로 치부하려 한다. 물론 우리 자신도 자신의 실수를 용납하지 못하고 스스로를 비난하기가 쉽다. 다른 사람들이 우리가 저지른 실수를 환기함으로써 우리를 그들이 원하는 대로 끌고 가려는 것을 막으려면, 우선 우리 자신부터 실수를 했다고 해서 스스로를 열등하거나 못된 인간으로 보지 말아야 한다. 우리는 스스로에게 실수할 여지를 허락해야 한다. 우리 스스로 실수를 용납하지 않으면 다른 사람들은 더욱 우리에게 죄책감을 불러일으키고 마침내 우리를 좌지우지하게 된다.

5. 다른 사람들에게 자신이 원하는 것을 부탁할 권리

많은 사람들은 다른 사람들의 부탁은 잘 들어주면서 정작 자신이 필요할 때는 아무런 부탁도 하지 못한다. 다른 사람들을 불편하게 만드는 것이 아닌가 싶어서다. 그러나 그 부탁이 상대방을 불편하게 하는지 아닌지는 상대방이 판단할 문제고, 부탁을 들어줄지 말지 역시 상대방이 결정할 일이다.

6. 자신의 행동을 변호하지 않을 권리

우리가 마음에 들지 않는 행동을 하면 사람들은 "어떻게 그럴 수가 있어?"라는 말로 그 행동의 정당성을 묻는다. 우리가 무슨 부탁을 거절하면 상대방은 "왜 나를 도와주려고 하지 않아?"라고 묻는다. 이 질문에 대답하느라 우리가 우리의 행동을 변호하기 시작하면 상대방은 노골적으로 섭섭함을 드러내면서, 이미 한 거절의 의사표시를 자꾸만 철회하도록 만들려고 한다. 우리의 행동에 대한 변호는 상대방에게 자신의 논리를 펼칠 기회만을 제공할 뿐이다. 용기 있게 거절하려다 오히려 덤터기를 쓰는 결과를 초래하는 것이다.

7. 자신이 원하는 대로 살 권리

이 권리는 모든 것 중에서 가장 포괄적인 권리다. 다른 모든 권리들이 이 권리에 귀속한다. 하지만 그렇게 사는 것을 마음에 들어 하지 않는, 그리하여 그렇게 살면 안 된다고 주장하는 사람들이 있다. 그들이 그런 주장을 펼치는 이유는 우리가 원하는 대로 살 권리가 있음을 명확히 하면 그들은 더 이상 우리를 이용하지 못하고, 우리에게 더 이상 힘을 행사하지 못하기 때문이다. 명심하라. 우리의 행동을 통해 자신이나 다른 사람들에게 삶의 위험을 초래하지 않는 이상, 우리는 우리의 권리를 누릴 자격이 있다.

우리는 이런 권리들을 매일매일 방어해야 한다. 우리의 권리를 주장하는 것은 무정하고 반사회적이고 동정심 없이 사는 것이 아니다. 다만 우리가 하고 싶은 것과 하고 싶지 않은 것을 스스로 자유롭게 결정한다는 의미다. 자율적인 결정이냐, 타율적인 결정이냐가 문제다. 우리에게 어떤 것이 좋은지는 다른 사람이 아니라, 우리 스스로 결정할 수 있는 문제이며, 반드시 그렇게 해야 한다.

자신감 있게 살기 위해 기억해야 할 것들

—

1. 당신은 다른 사람에게 상처를 주지 않는다.

상대방이 화가 나거나 상처를 받는다면, 그것은 상대방이 부정적인 생각을 하기 때문이다. 당신은 당신의 감정을 조절하고, 다른 사람들은 그들의 감정을 조절한다. 상대방이 부정적인 생각으로 문제를 일으킨다면 유감스러운 일이지만, 상대방이 그런 생각을 하는 게 당신의 책임은 아니다.

2. 다른 사람들이 당신의 행동이나 말을 받아들이지 않는다면, 그것은 그들의 의견일 뿐이다.

그들의 거부가 당신의 가치를 결정하는 것은 아니다. 주어진 권리를 이용한다고 해서 이기적이고, 불쾌하고, 나쁘고 속물적이고, 열등한 사람인 것은 아니다.

3. 스스로를 실수를 저지르는 연약한 한 사람의 인간으로 인정하는 동시에 스스로를 중요하고 가치 있는 사람으로 여기라.

스스로를 하찮게 여기는 사람은 다른 사람들의 희생양이 된다. 스스로를 존중할 때에야 다른 사람 앞에서도 자신감 있게 나아갈 수 있게 된다.

4. 당신이 원하는 바를 피력할 권리가 있음을 기억하라.

당신의 바람을 들어줄 것인가 말 것인가는 다른 사람들이 결정할 일이다.

5. 하루에 최소한 한 번은 자신감 있게 나아가는 연습을 하라.

처음에는 너무 어렵지 않은 상황을 선택하라. 감정의 ABC를 만들고, 어떤 불안한 생각이 당신으로 하여금 자꾸 주눅 들고 위축되게 하는지를 점검하라. 방해가 될 만한 생각들을 치워버리고, 그 상황을 상상 속에서 몇 번 돌리라. 이런 상황에 걸맞게 생각하고 행동하고 말하는 자신을 그려보라. 어떤 자세를 취할 것인지, 표정과 제스처와 목소리는 어떻게 할 것인지도 정확히 상상하라. 그러고 나서 실전으로 들어가, 상상했던 대로 행동하라.

6. 자신 있게 행동하려다 공격적인 태도를 보이는 일도 있을 것이다.

그것은 정상이다. 자신이 없다 보니 자연스러운 태도가 아니라 거북스런 태도가 나오는 것이다. 처음에는 그런 태도가 어색하고 부자연스러우며 약간 억지스럽게 느껴질 수도 있다. 그러나 시간이 지나고 연습이 거듭될수록 당신은 어떤 태도가 거부감이 느껴지지 않고 자연스러운지 감을 잡게 될 것이다.

7. '또다시' 주눅이 들고 비굴한 태도를 보였을지라도 스스로를 비난하지 말라.

자신감도 연습이 필요하다. 모든 건 습관에 달렸다.

8. 다른 사람들의 말에 흔들리지 말라.

다른 사람의 부탁을 거절하거나, 자신의 바람을 당당히 표현하기 시작하면 주변 사람들은 당신이 이상하게 변했다거나, 고집이 세졌다고 말할지도 모른다. 그러나 공평한 관계에서는 양편의 욕구가 함께 고려되어야 한다. 언제나 상대방을 위해 당신의 생각이나 욕구를 희생해야만 관계가 유지된다면, 그것은 좋은 관계가 아니다.

자신감 있게 행동한다는 것은 제멋대로 행동한다는 의미가 아니다. 얻고 싶은 것을 언제나 얻는다는 의미도 아니다. 언제 어디서나 자신의 의견만 옳다고 주장하면서 고집을 피우는 것도 아니다. 다만, 그것은 중요한 문제에서 자신의 관심사와 바람 편에 서는 것이다.

"나한테 어떻게 그런 짓을 할 수가 있지?"

─분노를 다스리는 법

롤랑드는 39세다. 그가 평정을 잃지 않고 지나가는 날은 단 하루도 없다. 출근길에 교통 정체에 시달릴 때, 저녁에 텔레비전 앞에 앉아 있는데 천하에 쓸데없는 방송만 계속 방영될 때, 그는 솟구치는 자신의 감정을 주체하지 못한다. 롤랑드를 화나게 하는 것은 그의 말마따나 대부분 아주 사소한 것들이다. 그럼에도 지금까지 위장병이나 고혈압 같은 신체적인 후유증이 발생하지 않은 것은 오직 화를 끊임없이 폭발시키기 때문이다. 즉, 분을 속으로 삭이지 않고 큰소리로 욕을 하고 문을 쾅 닫는 등 분노를 여실히 드러내기 때문이다.

반면 베른하르트는 롤랑드와 정반대다. 베른하르트는 롤랑드만큼 자주 화를 내지 않는다. 하지만 베른하르트가 화가 나 있어도 사람들은 대부분 그가 화가 났는지조차 모르고 지나가기 일쑤다. 베른하르트가 분노를 꿀꺽 삼켜버리기 때문이다. 그 결과 베른하르트는 33세에 이미 위궤양 수술을 받았을 정도로 건강이 악화되었다.

우리는 언제 화가 나는가?

—

"그러면 분노를 속으로 삭이는 것보다 표현하고 폭발시켜 버리는 것이 좋은 것일까요?"

그렇다. 분노를 꾹꾹 눌러 간직하기보다는 분노를 꺼내 보이는 것이 더 건강하다. 하지만 그렇게 분노를 드러내다 보면 다른 사람들에게 상처를 줄 수도 있고, 자신에게도 해가 될 수 있다. 그보다 더 좋고 더 건강한 대안이 있다. 그것은 애초에 화를 내지 않고 평온한 상태로 있는 것이다.

"화도 때로 도움이 되는 게 아닐까요?"

그렇다. 화가 도움이 되는 상황이 있다. 화는 화나는 상황에 대처하기 위해 무엇인가를 시도하기 위한 자극으로 필요하다. 화가 난다는 것은 뭔가가 당신 생각과 맞지 않는다는 것이고, 그것은 당신에게 목표를 실현하기 위해 능동적으로 행동할 에너지를 준다. 환경이 점점 오염되어가는 현실에 화가 나서 환경보호를 위해 능동적으로 활동하게 될 경우, 분노는 아주 의미 있는 것이다. 지구상의 먹을 것이 지구민 전체가 먹고 남을 만큼 충분한데도, 많은 사람들이 굶주리는 현실에 화가 나서 개인 차원에서 할 수 있는 일을 한다면, 이 역시 의미있는 분노라고 볼 수 있다. 당신이 능동적으로 활동하는 순간, 화는 그 임무를 성취한 것이다.

그러나 화가 나는데 아무것도 할 수 없는 경우 화는 해롭다. 속은 부글부글 끓는데, 겉으로는 화를 숨겨야 할 경우도 있다. 당신은 내부적으로, 외부적으로 아무것도 변화시키지 않은 채, 분노를 속으로 삼킨다. 또한 머리끝까지 화가 치민 나머지, 분노를 폭발시키며 이성적인 판단을 하지 못함으로써 스스로와 다른 사람들이 해를 입을 때 화는 별로 도움이 되지 않는다. 자, 이제 우리 안에서 화가 어떻게 생겨나는지를 살펴보자.

분노는 모든 감정과 마찬가지로 생각을 통해 유발되는 감정이다. 화나는 생각을 하지 않고 화를 내는 것은 불가능하다. 또한 분노는 늘 신체 반응을 동반한다. 호흡이 가빠지고, 심장 박동이 빨라지며, 근육이 긴장되고 아드레날린이 분비된다. 당신의 몸은 싸우거나 도망칠 준비를 갖춘다. 계속해서 표정과 제스처와 신체 자세와 목소리의 크기와 톤이 달라진다.

당신을 화나게 하는 생각들은 다음과 같다.

"저 사람은 저런 말을 할 자격이 없어!"
"어떻게 저런 행동을 할 수가 있지?"
"저런 뻔뻔스런! 본때를 보여주겠어!"
"저 사람은 진짜 벌 받아야 할 나쁜 사람이야."

이 모든 생각의 공통점은 당신은 모든 것이 당신 자신의 바람과 생각에 맞게 굴러가기를 요구한다는 것이다. 당신은 자신의 의견이 옳고 자기 생각만이 진짜라고 확신한다. 그리하여 다른 사람들이 나름 옳다고 여겨지는 대로 생각하고 느끼고 행동할 권리를 앗아가버린다. 당신은 무조건 자신의 의견과 잣대를 가지고 판단하는 전제군주처럼 행동한다. 그뿐만이 아니다. 다른 사람이 자신과 다르다고 그를 비난하고, 나쁜 사람 취급을 하며, 그를 어떻게 벌줄까 생각한다.

하지만 다른 사람들 역시 스스로 하고 싶은 대로, 스스로 옳다고 여기는 대로 행동할 권리가 있다. 당신은 '그것은 옳지 않은 일이야, 나는 그런 식으로 하지 않아, 그건 금지된 행동이야, 그건 위험한 행동이야, 그건 점잖지 못한 일이야, 그건 이기적인 행동이야, 나를 그런 식으로 대해서는 안 돼' 등등의 생각을 할 것이다. 그러나 다른 사람들이 당신에게 해가 되고, 마땅하지 않고, 옳지 않게 여겨지는 등등의 일을 하지 말아야 할 이유가 무엇인가? 다른 사람들이 우리를 늘 정당하고 공평하게 대할 의무를 지고 있는가? 그렇지 않다. 물론 다른 사람들이 우리 눈에 좋은 대로, 옳고 공평하며 배려심이 있는 행동을 한다면 더 좋을 것이다. 하지만 그들에게 그걸 요구할 권리는 없다. 주변 사람들은 우리에게 꼭 그래야 할 의무가 없다.

다른 사람들이 언제나 우리 마음에 드는 행동을 하는 것은 불가능하다. 그러려면 아마 모든 사람이 똑같은 성격과 욕구와 생각과 감정을 가지고 있어야 할 것이다. 다양한 의견이나 생각이 존재하지 않고 모든 점에서 우리와 똑같은 인간이어야 할 것이다. 모든 사람이 당신과 같아지기를 원하는가? 그렇지 않을 것이다. 그러면 세상은 아주 지루한 곳이 될 것이다.

그러면 옷이나 가구, 안경도 한 가지 스타일밖에 없을 것이고, 자동차 제조사도 하나밖에 없을 것이며, 정당도 하나, 종교도 하나, 예술도 획일화된 한 가지밖에 없을 것이다. 우리는 그런 세상에서 살고 싶지 않다. 변화와 다양성, 상이함은 삶에 알록달록한 색깔을 부여하고 생동감을 불어넣는다.

그 누구도 똑같은 사람은 없다. 우리 모두는 어릴 때부터 서로 다른 환경에서 서로 다른 부모님 밑에서 서로 다른 경험을 하면서 자라났다. 심지어 같은 부모님 아래에서 자란 형제자매조차 똑같지 않다. 그러므로 사람들의 성격과 소망과 기대와 도덕적인 가치와 생각이 다른 것은 아주 정상적인 일이다. 때로 사람들은 우리와는 다른 욕구와 생각을 가지고 있는데 이것 때문에 우리는 종종 화가 난다. 때로는 우리와 같은 욕구를 가지고 있어, 대접받기를 좋아하고 칭찬을 독차지하려고 한다. 나보다 먼저 주차 공간을 확보하려고 한다. 그리고 이 역시 우리를 화나게 한다. 그러나 우리가 화가 나는 것은 다른 사람들이 지금처럼 행동해서는 안 되고 다르게 행동해야 한다고 우리 스스로 요구하기 때문이다.

분노할 가치가 있는지 생각하라

─

"모든 것을 수긍하고, 모든 것에 '예'라고 답하라는 말인가요?"

"모든 것을 좋다고 하란 말인가요?"

아니다. 당신이 다른 사람들의 모든 행동을 좋게 생각해야 한다는 것이 아니다. 다만, 당신이 화를 낸다고 그 사람들의 행동이 변하는 것은 아니라는 이야기다. 지난 세월, 당신이 화를 내어 주변 사람이 변화되고, 더 정의로운 세계가 구현되었는가? 그렇지 않을 것이다. 오히려 반대다. 당신이 다른 사람의 행동에 대해 화를 내면, 상대방 역시 화가 날 확률이 높다.

그 밖에도 당신이 당신 자신의 의견을 내세울수록 다른 사람 역시 자신의 의견을 고집스럽게 주장할 확률이 높다. 그렇게 되면 누구 생각이 옳으냐는 중요하지 않고, 상황은 체면 싸움 내지 자존심 싸움으로 변질된다. 각자 상대에게 지려 하지 않으므로, 상황은 대립과 분노로 치닫고, 이 모든 것에 상대에게 굴복하지 않았다는 자부심마저 더해진다.

"하지만 화를 내지 않으면 나를 맘대로 부려먹고 이용하려 할 걸요."

그렇지 않다. 그 반대다. 화를 내는 것은 상대방에게 이렇게 말하는 것이다. "봐, 넌 지금 나의 민감한 부분을 건드렸어." 그러고 나면 상대방은 자신이 당신을 어떻게 조작할 수 있을지를 알게 된다. 아이들은 부모의 민감한 부분을 느끼는 데 선수다. 그래서 부모가 원하는 것과 정반대로 행동하면서 부모의 주의를 끈다. 그러고 나서 부모가 화를 내면 아이들이 승리를 거둔 것이다. 그들은 목표에 도달한 것이다.

극심한 분노는 사람을 무력하게 만드는 감정이다. 머리끝까지 화가 나면 머리를 냉철하게 굴릴 수 없고, 이성적인 결정을 내릴 수가 없다. 화를 내지 않는 것은 상대방의 행동에 동의하고, 양보하고, 거짓으로 미화시키는 것이 아니다. 당신이 흥분하지 않은 침착하고 조용한 목소리로 상대의 행동에 동의하지 않는다고 말하면, 대부분의 경우 화를 내며 언성을 높였을 때보다 훨씬 더 원하는 효과를 불러올 수 있다.

화를 내며 "두고 보자, 본때를 보여주겠어"라고 말하는 사람은 스스로 본때를 보게 된다. 그렇게 부정적인 감정과 분노로 신체에 독이 오르게 되며, 다른 사람이 받았으면 하는 벌이 자기 자신에게 가해진다. 위가 반란을 일으키고 심장 박동이 빨라진다. 긴장하고, 떨고, 분노로 식식대고 얼굴이 벌겋게 달아오른다. 그것이 가치 있는 행동일까? 다른 사람들이 받았으면 하는 대가를 스스로 치르기를 원하는가?

상대방이 그런 행동을 하는 데에는 여러 가지 이유가 있음을 생각하라. 뭘 몰라서, 더 잘할 수 없어서, 알량한 자존심 때문에, 당신에게 존중받고 싶어서, 그전에 다른 일로 기분이 나빠 있는 상태라서, 당신을 보니 누군가가 생각나서, 당신에게 상처를 받아서 등등. 십중팔구 상대방은 당신을 화나게 하려고 혹은 당신에게 피해를 주려고 그런 행동을 하지는 않았을 것이다. 설사 그런 의도에서 했다고 해도 그에게 화를 내는 것이 무슨 소용이란 말인가? 그런 상황에서 화를 내는 것은 바로 상대방의 의도에 걸려드는 것이나 다름없다. 상대의 함정에 빠진 것이다.

분노인가, 열등감인가
—

분노가 일어나는 경우는 대개 우리가 어떤 사람에게서 부당하게 공격받았다고 느낄 때다. 그 사람의 행동이 위협으로 다가와서, 우리는 그에 대해 스스로를 방어하고자 한다. 다음과 같은 생각들 때문에 화가 난 적도 있을 것이다.

"내가 뭐든 시키는 대로 하는 사람인 줄 아나 봐."
"난 그런 꼭두각시가 아니야!"
"난 그렇게 맹추가 아니야!"
"난 그렇게 호락호락한 사람이 아니야."

"날 바보 천치인 줄 아나 봐."

"난 저 사람이 생각하듯 그렇게 멍청한 사람이 아니야."

이런 생각 뒤에는 자신감 결여와 열등감이 숨어 있다. 상대방의 행동을 당신을 무시하는 것으로 여기는 것이다. 그리하여 복수심을 품고 스스로가 멍청하고, 미련하고, 시시한 꼭두각시가 아니라는 것을 증명하고자 한다. 상대에게 스스로가 사실은 만만하지 않은 사람이라는 것을 보여주기 위해 심지어 아주 공격적인 태도로 실랑이를 벌이기도 한다.

당신에게 그런 성향이 있고, 다른 사람에게 최소한 머릿속으로라도 되갚음을 하고자 한다면 당신은 자기 자신을 손보는 데 착수해야 할 것이다. 문제는 주변 사람들의 행동이 아니다. 그들은 아무 잘못도 하지 않았다. 다만 그들의 말과 행동으로 당신의 아픈 부분을, 즉 열등감이 있는 부분을 건드렸을 뿐이다.

근본적인 문제는 당신 스스로 자신을 뒤떨어지는 사람으로 생각하는 것이다. 당신은 스스로를 멍청하고, 어리석고, 다른 사람들이 시키는 것이나 하는 형편없는 사람이라고 생각한다. 그렇게 스스로를 형편 없이 생각하기 때문에 다른 사람들이 당신에 대해 어떤 언급을 하면, 귀가 번쩍 뜨인다. 다른 사람들은 아무런 생각 없이 한 말인데도 그 말을 스스로에게 부정적으로 해석하고, 그 말을 자신에 대한 공격으로 받아들이며, 앙갚음을 하고 싶어 한다. 이것은 에너지가 아주 많이 들고, 비싼 대가를 치러야 하는 일이다. 이런 미움을 통해 당신은 끊임없이 긴장하고 다른 사람들과 만족스런 관계를 갖지 못한다. 속으로는 진실하고 좋은 관계를 원하면서도 말이다. 그렇게 당신은 스스로의 행동으로 말미암아 차츰 아웃사이더가 된다. 사람들은 당신을 두려워하지만 존경하지는 않는다.

　이런 상태의 고리를 끊고자 한다면 당신은 스스로를 다르게 생각하는 법을 배워야 한다. 다른 사람들에게 존경을 요구하기 전에, 스스로를 더 존경해야 한다. 이 책의 자기 존중에 관한 장을 특히 주의 깊게 읽어보라. 공격적인 습성을 버리는 것은 어려운 작업이다. 당신은 다른 사람들이 당신에게 피해를 주거나 공격을 하려고 그러는 것이 아니므로 그들에게 공격적으로 대할 이유가 없다는 것을 분명히 의식해야 한다.

　"나는 분노를 되도록 의식하지 않으려고 노력해요. 하지만 그러다가 때로는 아주 참을 수 없을 정도로 화가 나요."
　이미 화가 났을 경우 당신이 취할 수 있는 행동양식은 다음 세 가지다.

　1. 화가 치밀어오름을 느끼며, 이 상황에서 어떻게 할지 생각한다.
　2. 화를 표현한다.

3. 화를 안으로 눌러버린다.

화를 품은 상태에서 아무것도 시도하지 않고 그대로 내버려두는 것은 에너지가 무척 많이 드는 일이다. 이미 싸움 혹은 도망을 위해 준비된 신체에게 가만히 있으라고 강요하는 꼴이다. 그런 상황으로 인해 내적으로 싸우고 부대끼는 동시에 아무것도 시도하지 않으면, 스스로 희생자가 된다.

'어떻게 나한테 그럴 수 있어?' 하는 생각으로 몇 시간, 몇 주, 몇 달을 괴로워하며 긴장감 속에서 살다 보면 어느 순간에 내적인 압박이 참을 수 없게 커진다. 그러면 당신은 당신을 화나게 한 사람, 혹은 상황과 전혀 상관없는 사람에게 화를 폭발시키고 만다. 분노의 대상이 된 상대방은 당신의 그런 격한 반응을 도무지 이해하지 못할 것이다. 또한 당신은 당신대로 침착하고 구체적으로 당신의 생각을 말하기가 힘들다. 그러므로 미리 자신의 마음을 터놓고 이야기하는 것이 좋다.

삶에서 분노를 몰아내는 방법

1. 입장을 바꾸라.

자신이나 다른 사람이 특정 상황에서 다르게 행동해야 한다고 요구하는 것을 그만두라. 사람마다 생각과 경험, 좋아하는 것, 현재의 컨디션이 다 다르다. 설사 틀린 생각이더라도 자신의 생각을 가질 권리가 있고, 그것이 착각이라 해도 자신의 생각대로 할 권리가 있다. 당신이 원한다고 다른 사람이 자신의 의견을 수정하는 일은 결코 없을 것이다.

2. '○○○해야 한다' 또는 '○○○하면 안 된다'는 말을 자신의 어휘 목록에서 지워버려라.

이런 말을 '○○○하면 더 좋겠다', '○○○하면 더 멋져 보이겠다', '○○○하면 더 기분이 좋겠다', '○○○하면 더 좋을 것이다' 등으로 바꿔보라. 가령 화를 내지 않고 싶은 시점에 다시 화가 났다는 사실 자체가 화가 난다면, "내가 화가 나지 않았더라면 더 좋았을 거야. 그러나 이미 엎질러진 물이고 화를 내더라도 아무것도 달라지는 것은 없어. 화를 내는 대신, 앞으로 이런 상황에서 어떻게 하면 화를 내지 않을 수 있는지 생각해보자"라고 말하라.

3. 아무도, 아무것도 당신을 화나게 할 수 없음을 기억하라.

마음의 평정을 잃을지 말지를 결정하는 것은 당신 자신이다. 당신이 '눈이 뒤집힐 정도로' 화가 나는 데 책임이 있는 것은 다른 사람들이 아니다. 그것은 다른 사람들에 대한 당신의 요구들이다. 당신 안에는 다른 사람들로부터 그들이 하고 싶은 대로 생각하고 느끼고 행동할 권리를 앗아버리는 전제군주가 들어 있다. 당신을 자극하고 화나게 하는 사람은 없다. 화를 낼 것인지, 평정을 유지할 것인지 결정하는 것은 오직 당신이다.

4. 작은 쪽지에 다음과 같은 말들을 적어두라.

"나는 그 누구도 이날을 망치지 않게 하리라. 설사 사람들이 오늘을 망치려 든다 해도 마음의 평정을 잃지 않으리라. 다른 사람들은 그들 나름대로 살게 내버려두리라."

이런 쪽지를 욕실 거울에 붙여두고 매일매일 읽으라. 한 장 더 적어서 어딜 가든지 가지고 다니면서 때때로 그것에 눈길을 던져도 좋을 것이다.

5. 미소를 지으라. 친절하게 하고, 편안한 자세를 취하라.

화가 또 슬금슬금 치밀어오르고 있음이 느껴지면 입술에 미소를 머금으라. 누군가 당신에게 화를 내면 그에게 친절하게 대하라. 상대가 화를 낼수록 당신은 더욱 친절하게 하라. 그러면 상대방 역시 금방 화를 누그러뜨리고 친절해질 것이다. 자신을 친절하게 대하는 사람에게 무턱대고 화를 내는 사람은 없다. 화를 내더라도 그리 오랫동안은 아닐 것이다. 마구 화가 치미는데 미소를 지으며 의식적으로 마음을 가라앉히기는 그리 쉽지 않을 것이다. 아마도 약간 억지스럽고 위선적으로 느껴질지도 모른다. 그럼에도 그렇게 하라. 인생을 그렇게 심각하게 살지 말라. 화를 내면 화를 내는 당신의 상태만 엉망이 되지, 당신이 화를 낸다고 세상이나 사람들이 개선되지는 않는다.

6. 다른 사람들 역시 정서적인 문제와 씨름하고 있다는 걸 잊지 말라.

어떤 사람이 당신의 마음에 들지 않는 말과 행동을 하는 경우, 그 사람이 정신적으로 병들고 균형을 잃어서인 경우가 종종 있다. 그러므로 다른 사람의 말을 곧장 진리와 정의의 저울에 달지 말라. 다른 사람들이 하는 말을 곧바로 당신 자신의 인격과 연결짓지 말라. 정서적인 문제를 가진 사람들은 그런 문제가 없는 사람들처럼 무난하게 행동할 수 없다. 그들이 그렇게 할 수 있다면 그렇게 할 것이다. 그러므로 어떤 사람의 행동을 보고 화가 나면 그 사람의 내적 상태를 자문해보고, 그의 말과 행동을 보며 그가 어떤 사람인지를 파악하라. 그리고 이렇게 혼잣말을 하라. '다른 사람은 그의 상태에서 할 수 있는 말과 행동을 한다. 그것은 나와 내 인격과는 아무 상관이 없다.'

7. 스스로 화가 났다는 것이 느껴지면 다음을 기억하라.

"나는 화가 났다. 이것은 무엇인가가 내 마음에 들지 않는다는 의미다. 내 마음에 들지 않는 사항을 바꿀 수 있을까? 그렇다면 나는 그렇게 할 것이다. 계속 화내고 있지 않고, 나의 힘을 들여 무엇인가를 할 것이다. 나를 화나게 하는 것이 내가 바꿀 수 없거나 바꾸고 싶지 않은 것이라면 나는 더 이상 화를 낼 필요가 없다. 그저 '있는 그대로의 상황을 받아들이자'라고 혼잣말을 하면서 상황을 인정할 것이다."

조심하라. 당신의 감정은 아직도 한동안 '그런 상황을 어떻게 쉽게 받아들이니?'라고 반론을 제기할 것이다. 그럼에도 이 말을 계속 되뇌이라. 감정과 새로운 마음가짐이 일치될 때까지…….

8. 분노를 누그러뜨리기 위해 마법의 말을 사용하라.

'나는 다른 사람에게 ○○○할 것을 허락한다' 또는 '나는 상황을 있는 그대로 내버려둘 마음이 있다' 등등의 말이 바로 마법의 말이다. 이런 말들은 '어떻게 이러저러할 수가 있어? 그는 이러저러해서는 안 돼'와 같은 부정적 생각에 대한 긍정적인 대안이다. 그 차이를 알겠는가? 긍정적인 입장은 다른 사람들이 스스로 원하는 대로 생각하고 행동할 수 있음을 인정하는 것이다. 다른 사람들도 나름대로 살 것을 허락하면서 당신의 감정을 관리하기로 결정하는 것이다. 그러면 당신은 더 이상 다른 사람의 희생물이 되지 않는다. 당신 안에 '기적'이 일어날 것이다. 다른 사람들은 여전히 똑같이 행동하는데, 그럼에도 당신에겐 해방감과 고요가 깃드는 것이다. 다른 사람들이 그들 나름대로 말하고 행동하도록 허락하면서, 당신은 스스로 판 함정에서 자유로워진다. 당신에게는 다른 사람을 변화시키거나 영원히 화를 내거나 하는 두 가지 가능성밖에 없다고 믿는 것, 이것이 바로 스스로 판 함정이다. 당신에게는 세 번째 가능성이 있다. 다른 사람들이 있는 그대로의 모습으로 있도록 허락하는 것이 그것이다. 이런 자유를 이용하라!

9. '그 사람이 어떻게 이러저러하게 행동할 수 있어?'라는 질문을 다음 질문으로 바꿔라.

'그렇다면 이제 내가 (목표에 도달하기 위해) 무엇을 할 수 있을까?' 지나간 일로 괴로워하는 대신 새로운 해결책을 찾으라.

10. 이 사건이 당신의 몸을 균형에서 벗어나게 할 만큼 당신에게 중요한 것인지 점검하라.

정말로 화를 내고 싶은가, 아니면 공연히 몸을 부대끼게 하지 않고 그 일이 화를 낼 만한 가치가 없으므로 화를 내지 않기로 결정할 것인가?

11. 자아존중감을 손보라.

스스로를 더 많이 존중하고 존경하라. 자신이 잘못한 일들과 부족한 점들 때문에 자신을 비난하기를 중단하라. 자신에게 관대해지고, 불완전성을 용서하고 인정하라. 이것이 특히 부족한 사람은 5장으로 돌아가라.

12. 다음 글을 30일 동안 최소 하루 한 번씩 읽으라. 글을 녹음하여 시간이 날 때마

다 자주 들으면 더욱 좋을 것이다.

"오늘부터 나는 더 이상 평상심을 잃지 않기로 결정한다. 그것은 금방 잘되지는 않을 것이다. 오랜 세월 묵은 습관을 버리기는 쉽지 않으니까. 하지만 노력하면 분노와 화를 나의 삶에서 몰아낼 수 있을 것이다.

다른 사람들 역시 나처럼 부족한 점이 있고 실수를 한다. 그들 또한 불완전하기 때문에 내 마음에 들지 않는 말이나 행동을 한다 해도 나는 화를 낼 필요가 없다. 다른 사람들은 그들이 하고 싶은 대로 말하고 행동할 권리가 있다. 내가 보기에 잘못된 것처럼 보이거나, 그로 인해 내게 해를 입히더라도 말이다. 내가 화를 낸다고 주변 사람들의 행동이 달라지는 것은 아니다. 세상은 내 맘대로 돌아갈 필요가 없으며, 다른 사람들더러 내게 늘 옳고 공평한 대접을 해달라고 요구할 수는 없다. 사람들이 좀 더 배려심이 있으면 더 좋을 것이다. 하지만 유감스럽게도 현실은 그렇지 못하다.

나는 앞으로 화내는 대신, 그런 상황을 주어진 것으로서 받아들일 것이다. 뭔가를 변화시킬 수 있다면 '(목표를 이루기 위해) 내가 이제 무엇을 해야 하지?'라고 묻고 해결책을 모색할 것이다. 아무것도 변화시킬 수 없을 때는 '나는 상황을 있는 그대로 인정하겠어'라고 말할 것이다. 괴롭히는 생각들을 속으로 '그만!'이라고 외쳐 중단시키고, 편안한 자세를 취하고, 입가에 웃음을 띨 것이다.

나 역시 때로 잘못을 저지를 것이다. 그러나 내 잘못을 비난하는 대신, 내가 완벽하지 않다는 것을 인정할 것이다. 나 자신에 대해 화를 내는 대신 이렇게 말할 것이다. '나는 내가 완벽하지 않다는 것을 시인할 준비가 되어 있어. 나는 앞일을 미리 내다볼 수 없으며, 다만 나의 경험을 토대로 그 순간에 최선이라고 생각되는 행동을 할 뿐이야. 그리고 나는 최선을 다했어.' 나는 내가 잘못을 만회할 수 있는지, 그리고 그런 잘못으로부터 배울 점이 무엇인지를 숙고할 수 있으며, 그럼으로써 되도록 같은 실수를 두 번 다시 되풀이하지 않으려고 할 것이다.

모든 사람들은 언제나 자신의 경험과 확신으로 행동한다. 사람마다 경험이 다르므로, 옳고 그름에 대한 생각도 다르다. 나와 생각이 다르다고 나쁜 사람이거나 열등한 사람은 아니다. 사람마다 생각과 시각이 다 다르므로 그것을 공유할 필요도, 다르다는 것에 흥분할 필요도 없다. 다른 사람의 생각이 내가 보기엔 틀린 것 같아도, 다른 사람 나름대로 생각하도록 놓아두자.

나는 스스로 나의 기분을 결정한다. 내가 나의 기분을 좌우하는 것처럼 다른 사람들도 그들의 기분을 스스로 좌우한다. 아무도 나를 화나게 할 수 없다. 나만 홀로 그렇게 할 수 있다. 나는 임의로 조종되는 꼭두각시가 아니다. 나는 나의 감정을 조절할 능력이 있으며, 이런 능력을 활용하여, 무기력하게 만들고 질병을 불러오는 화를 삶에서 추방할 것이다."

V

SELF-HELP
GUILT
EMOTIONS
RELATIONSHIPS
MINDSET

Λ

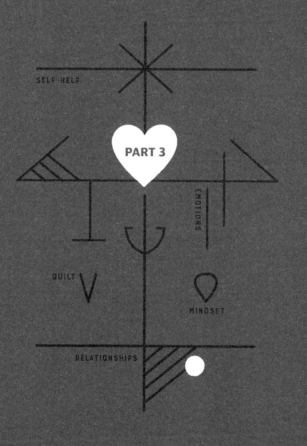

SELF-HELP

PART 3

EMOTIONS

GUILT

MINDSET

RELATIONSHIPS

더 나은 관계로
나아가는 법

"정말 사랑한다면 싸움 같은 건 하지 않을 거야."

— 좀 더 성숙하게 사랑하는 법

대부분의 사람들은 결혼과 사랑에 대해 모호한, 심지어는 그릇된 생각을 가지고 있다. 놀랄 일이 아니다. 유행가나 소설에서 사랑과 결혼은 종종 터무니없이 미화될 뿐 아니라 인간이 누릴 수 있는 가장 지고지순한 행복처럼 묘사되니까 말이다. 사랑과 결혼에 대해 사람들은 두 사람을 묶어주는 강한 유대감, 충만감, 행복, 내적인 애정, 인간적인 따스함, 터질 듯한 가슴과 달콤한 낭만을 이야기한다. 하지만 이 모든 것은 사랑이나 결혼과는 별로 상관이 없다.

심리치료사이자 결혼상담가로서 우리는 현실은 생각하는 것과 매우 다르다는 것을 실감한다. 현실은 종종 찬물로 샤워할 때처럼 정신이 번쩍 들게 한다. 현실에서는 많은 경우 분노가, 심지어 미움이 끼어들기 때문이다. 적대감과 거부감, 질투와 좌절이 심심치 않게 일상을 결정한다. 사랑과 결혼에 대한 우리의 정의는 오히려 건조하고 담담하다. 그러나 그 정의는 불행이나 헤어짐을 야기하는 실수들을 피하도록 도울 수 있다.

우리는 왜 사랑하는가?

—

사랑은 우리에게 원하는 것을 주는 누군가에게 느끼는 감정이다. 따라서 사랑이란 기본적으로 매우 이기적이다. 우리는 이런 말들이 당신에게 달갑지 않게 들리리라는 것을 알고 있다. 하지만 그것은 사실이다. 우리는 상대방을 결코 상대방 때문에 사랑하지 않는다. 상대방이 우리의 욕구와 소망을 만족시켜주기 때문에 사랑하는 것이다. 왜 그렇게 많은 커플이 헤어지고, 많은 경우 사랑이 냉담이나 거부 같은 부정적인 감정에 밀려나는 이유가 무엇일까? 상대방으로부터 더 이상 자신이 원하는 것을 얻지 못하기 때문이다. 자신들의 욕구가 더 이상 만족되지 않으면 상대방에 대한 사랑도 식어버린다.

사랑 역시 감정이다. 당신은 상대방에 대해 좋고 긍정적인 생각을 하면서 사랑의 감정을 스스로 만들어낸다. 따라서 사랑은 찾아오는 것이 아니며, 파트너로부터 만들어지는 것도 아니다. 파트너에 대한 기대가 높을수록 사랑하기도 힘들다.

사랑은 또한 흔히 생각하는 것처럼 신비로운 방식으로 영원히 지속되지 않는다. 매일매일 사랑하려고 노력해야 한다. 파트너가 미웠다가 좋았다가 할 수도 있다. 당신의 생각에 따라 감정이 달라진다. 또한 한 사람 이상에게 사랑을 느낄 수도 있다. 동시에, 또는 인생의 서로 다른 시점에 말이다.

결혼과 회사의 공통점

—

결혼은 회사와 무척이나 비슷하다. 부부는 공동으로 회사를 이끌어 간다. 혼자 이끌어가는 것보다 더 많은 것을 약속하기 때문이다. 목표는 두 사람 모두 이익을 얻고 '회사'가 둘 모두에게 도움이 되는 것이다.

부부가 된 두 사람은 각자 자신만의 관심사와 결혼생활에 대한 나름의 이상을 가지고 있다. 그리하여 아내는 남편에 대하여, 남편은 아내에 대하여 의무와 과제를 이행할 것을 기대한다. 그리고 한 사람이 의무 이행을 게을리하면, 다른 한 사람은 태업에 들어가, 자신이 원하는 것을 사수하고 유지하기 위해 싸운다. 이때 상대가 양보하지 않거나 협상에 이르지 못하면, '회사'는 와해될 위기에 처한다.

페트라는 6년의 결혼생활 끝에 파경을 맞았다. 결혼한 첫해, '회사'는 그런대로 잘 굴러갔다. 남편 베른트는 아내의 기대에 어느 정도 부응했다. 페트라의 건강이 좋지 않을 때는 페트라 곁에 있어주었고, 그녀를 돌봐주고 사랑을 표현했다. 그러나 베른트는 차츰 변해갔다. 점점 자기 생각만 하고, 자신의 욕구만을 채우려 했다. 그리고 페트라가 그에 따르지 못하면 몹시 화를 내곤 했다.

페트라는 다른 여자들이 애용하는 '파업'을 실행하기로 했다. 잠자리를 거부한 것이다. 이것은 페트라가 힘을 행사할 수 있는 유일한 영역이었다. 페트라는 '내게 그렇게 대하다가 어떻게 되는지 맛 좀 봐라' 하는 모토에 따라 행동했다. 베른트는 페트라의 거부에 심한 충격을 받았다. 합의점을 찾을 수 없었으므로, 그들은 결국 헤어지고 말았다.

잉그리드가 디터와 결혼한 것은 무엇보다 디터가 키가 크고 훤칠하며, 무척이나 자신감이 넘쳐흘렀기 때문이었다. 잉그리드는 디터의 그런 모습에 매력을 느꼈다. 그러나 결혼 후 얼마 가지 않아 디터는 효모를 넣은 빵 반죽처럼 살이 찌기 시작했다. 운동도 하지 않았고, 식생활에도 전혀 신경을 쓰지 않았다. 직업상에서도 몇 가지 안좋은 일이 겹쳐, 디터의 자신감은 크게 추락했다. 잉그리드는 결혼생활 2년 만에 디터와 헤어졌다. 디터는 더 이상 결혼 전의 잉그리드가 남편감으로 생각했던 그런 남자가 아니었다. 디터는 더 이상 잉그리드가 좋아했던 점들을 가지고 있지 않았다.

막 사랑에 빠졌을 당시 모든 커플은 상대방을 칭찬하며 자신의 사랑을 전달하고자 애쓴다. 이때 대부분의 경우 둘은 자신의 욕구를 뒷전으로 한다. 중요한 것은 둘이 함께하는 것이다. 그러나 시간이 지나면서 많은 것이 습관이 되어버린다. 상대방의 좋은 면은 당연하게 느껴지고, 부정적인 면이 발견되거나 그것이 전면으로 대두된다. 디터와 베른트의 경우처럼 때로 상대방이 원래의 매력을 잃는 일도 발생한다. 그러면 갈등이 생긴다. 이제 커플 앞에는 두 가지 가능성이 놓인다. 상대방에게서 긍정적인 것을 발견하고자 매일매일 다시 노력하거나, 아니면 헤어지거나……. 성공적인 부부관계는 둘 모두 그 관계에서 뭔가 이익을 얻을 때만 성립될 수 있다.

사랑과 결혼에 대한 위험한 신화들

—

"정말로 사랑하면 싸움 같은 건 절대 하지 않을 거야."

— 첫 번째 신화

사랑에 대한 이런 신화는 현실과 상당히 괴리되어 있다. 사랑은 '평화', '기쁨', '달콤함' 등과는 별로 상관이 없다. 평화로운 시간도 있지만 갈등으로 가득한 시간들도 있다. 평화는 각자가 상대방의 기대를 채울 때만 유지된다.

클라우디아의 결혼생활은 클라우디아가 순종적인 전업주부 생활을 청산하기 전까지는 상대적으로 순탄하게 진행되었다. 그런데 클라우디아는 일을 시작해 자기 힘으로 돈을 벌고자 했다. 이에 남편은 화가 났고, 결혼생활 내내 지속되어온 집안의 평화는 마침내 깨졌다. 클라우디아의 결심으로 시작된 격렬한 대치국면은 오랫동안 지속되었다. 이런 싸움은 클라우디아가 자신의 권리를 끝까지 밀고나가 관철시키는 동시에 남편이 클라우디아의 소망을 인정하고 양보하면서 비로소 중단되었다.

결혼한 두 사람이 언제나 트러블 없이 사이좋게 지내기에는 서로 생각과 기대가 너무나도 다르다. 그러므로 간혹 다투는 것은 나쁘지 않다. 그 반대다! 그것은 관계에 새로운 생동감을 불어넣을 수 도 있고, 수년간 쌓였던 앙금을 말끔히 제거할 수도 있다. 자신의 바람을 표현하는 것은 모든 배우자의 권리이자 의무이기도 하다. 자신의 바람을 말하지 않으면 상대방은 배우자가 어떤 상태인지를 알지 못하며, 원하는 바를 고려해줄 수도 없다. 그러나 그렇다고 각자 상대방더러 반드시 자신의 소망을 채우라고 강요할 수는 없다. 부부관계가 성공적으로 유지되기 위해서는 둘 모두 합의하고 양보할 준비가 되어 있어야 한다. 좋은 부부관계에서는 서로의 바람이 계속 교환된다. 장기적으로 한 사람이 원하는 것만 채워지고, 한 사람은 손해를 본다면 관계는 파국에 이른다. 파트너십은 정원에 비교할 수 있다. 상대방에게 기쁨을 주고 수확이 풍성하도록 정원을 가꾸고 정원에 뭐가 필요한지 보아야 한다.

너무 '조용한' 결혼생활은 꽤 의심스럽다. 한쪽은 이미 속으로 포기하고 상대방에게 관심을 껐거나, 불만족을 드러내어 표현하지 않는 경우일 수 있기 때문이다. 그러다가 어느 날 불만이 폭발하면 상대방은 이해하지 못하는 상태에서 사소한 일이 거대한 드라마로 변질된다.

"결혼을 하고 나면 (상대방이) 달라지겠지."
— 두 번째 신화

많은 남녀가 이런 희망을 안고 결혼을 한다. 그러나 그 희망이 이루어지는 경우는 아주 드물다. 오히려 반대다. 결혼하면 대부분 탐탁지 않은 것들이 더 많이 발견된다.

잉게보르크는 페터가 술고래인 줄 알면서도 결혼을 했다. 결혼하면 달라지겠거니, 정신을 차리겠거니 했다. 그러나 전혀 그렇지 않았고, 오히려 페터는 더 많이, 더 자주 술을 마셨다. 결국 일자리와 아내를 잃을 때까지 말이다.

미하엘은 니콜과 결혼했다. 니콜이 독선적이고 걸핏하면 화를 내는 것이 마음에 걸리기는 했지만 일단 결혼을 하면 '좀 더 성숙해지겠지' 하고 기대했다.

결혼을 해서 가정을 이루면서 정신을 차리고 달라지는 사람도 간혹 있기는 하다. 그러나 대부분의 경우는 그렇지 않다. 결혼은 신비한 방식으로 사람을 변화시키지 않는다. 오히려 결혼 전에 가능하면 파트너에게 잘 보이려고 노력하는 경우가 많다. 그러고 나서 일단 결혼에 골인한 뒤에는 오로지 상대의 환심을 사기 위해 선보였던 과시적인 행동을 그만둔다. 상대방이 확실하게 내 것이 되었으니 더 이상 그렇게 애쓸 필요가 없다고 생각한다.

"결혼하면 혼자 살 때보다 더 행복할 거야."

— 세 번째 신화

그럴 수도 있다. 그러나 보통은 그렇지 않다. 보통은 결혼을 하면 더 복잡한 문제들이 발생한다. 결혼생활에는 고저가 있으며, 굴

곡도 있다. 또한 기쁨과 좌절이 교차되기도 한다. 단지 상대방을 사랑한다고 하여, 인생이 저절로 아름답고 행복해질 거라고 기대하지 말라. 둘이 사는 것은 혼자 사는 것과는 다르다는 말이 더 적절하다. 혼자 살면 모든 것을 자기가 하고 싶은 대로 할 수 있다는 이점이 있다. 대신 때때로 외로움을 느낄 것이다. 결혼하면 삶을 나눌 수 있는 파트너가 생긴다는 이점이 있다. 그러나 배우자가 자기 마음 같지 않아 서로 합의를 끌어내야 한다는 단점이 있다.

"나를 행복하게 해줄 사람은 단 한 사람뿐이야."
— 네 번째 신화

당신은 당신이 원하는 것을 주는 모든 사람에게 사랑을 느낄 수 있다. 상대방이 당신이 원하는 것을 주지 못하면, 당신은 그를 사랑하기를 중단한다. 그리고 소망을 채워주는 다른 사람을 만나면 그를 사랑하게 된다. 때문에 동시에 한 사람 이상을 좋아하는 일도 가능하다.

"사랑하면 상대방이 싫어하는 일은 하지 않아."
— 다섯 번째 신화

그것은 사랑이 아니라 독재와 구속이다.

브리기트는 남편 디터가 주중에 한 번씩 혼자서 친구들을 만나러 나가 실컷 놀다가 들어오는 것에 화가 난다. 하지만 디터 편에서는 아내가 친구들 만나는 정도도 이해를 해주지 못하는 것에 화가 난다. 둘은 똑같은 말을 한다. "그(그녀)가 나를 사랑한다면 ○○○ 하게 해줘야 할 거 아냐."

디터와 브리기트는 상대방에게 아주 다른 요구를 한다. 둘은 부부관계가 어때야 하는지에 대해 나름의 견해를 가지고 있고, 상대방이 자신의 뜻을 따라줄 것을 요구하고 있다.

더 적절히 말해 사랑이란 자신의 필요와 상대방의 필요를 고려하여 절충안을 끌어내는 것이다. 배우자가 우리의 마음에 들지 않는 일을 한다고 우리에 대한 그(그녀)의 사랑이 식은 것은 아니다. 결코 한 가지 행동만 보고 사람을 일반화시켜서는 안 된다.

"내 눈만 봐도 내가 원하는 것을 알아낼 거야."
— 여섯 번째 신화

그럴 수 있으려면 초능력자가 되어 당신의 마음속 생각까지 다 읽어내야 할 것이다. 하지만 당신의 배우자에겐 그럴 능력이 없으므로, 당신은 원하는 것을 정확히 말로 표현해야 한다. 심지어는 여러 번 말해야 할 것이다. 상대가 무엇을 좋아하고 무엇을 싫어하는지 저절로 알 수 있기에는 둘은 너무나 다른 사람이다.

"그(그녀)가 나를 행복(또는 불행)하게 해."
— 일곱 번째 신화

당신 외에는 아무도 당신을 행복하게 만들 수 없고, 아무도 당신을 불행하게 만들 수 없다. 당신만이 스스로를 행복하게, 또 불행하게 할 수 있다. 당신을 행복하지 않게 만드는 것은 당신이 배우자에게 하는 요구들이다. 이 요구들은 당신의 행복에 중요하다. 그러나 배우자가 당신의 요구를 들어주지 않을지라도, 당신이 행복하지 않은 것이 배우자 책임은 아니다. 당신은 그저 원하는 것을 얻지 못하기 때문에 불행할 뿐이다.

어떤 일이 꼭 자기 마음대로만 되는 것이 아님을 인정하면 훨씬 쉬울 것이다. 물론 실망하기는 하겠지만 그리 나쁘지 않을 것이다. 스스로를 불행하게 만드는 가장 확실한 길은 뭔가를 요구하는 것이다. 그것이 당신에게 얼마나 중요한가와는 상관없이, 당신이 그것을 반드시 얻게 되리라는 보장은 없다. 상대방이 당신에게 그것을 꼭 해줘야 하는 것은 아니다.

배우자를 어떻게 대할 것인가?

—

1. 자신의 감정을 스스로 책임지라.
자신의 불행에 대한 책임을 배우자에게 덮어씌우지 말라.

2. 스스로 원하는 것을 분명히 표현하라.

그러나 배우자에게 그 모든 바람을 충족시켜달라고 요구하지 말라. 자신이 원하는 것을 '나는 ~'라는 식으로 표현하라. '나는 ○○○하고 싶어. 왜냐하면 내가 ○○○하기 때문이야'처럼 말이다. 당신은 원하는 것을 모두 표현할 수 있으며, 상대방은 그중에서 자신이 이루어줄 수 있는 것들을 결정할 수 있다.

배우자가 당신의 상태를 아는 것은 성공적인 부부관계에 중요하다. 오랜 시간 분노를 꾹꾹 눌렀다가, 갑자기 작은 일에 폭발하면 배우자는 당신의 반응을 이해하지 못할 것이다. 당신이 몇 주, 혹은 몇 달간 속으로 화를 삭였다는 것을 알지 못하기 때문이다. 상대방은 스스로 어떤 점을 바꿔야 하는지 알아야만 자신의 태도를 바꿀 수 있다. 물론 때로 배우자가 당신이 원하는 것을 안다 해도 별 소용이 없고 변화가 없을 수도 있다. 그러면 당신은 배우자의 태도를 있는 그대로 받아들일지 아니면 계속해서 그를 변화시키려고 노력해야 할지 결정해야 한다. 당신이 양보할 수 없는 바람들이 채워지지 않으면 당신은 얼마나 오래 기다릴 수 있는지 시간제한을 설정하고, 배우자에게 그것을 알린 다음, 배우자가 이런 바람에 부응할 수 없거나 부응할 마음이 없다면 부부관계를 끝내야 할 것이다.

3. 배우자를 존경하라.

상대방과 상대방의 소망을 존중하지 않는 파트너십은 관계를 망치는 지름길이다. 많은 관계가 주종관계와 다름없는 관계를 이어간다.

그러나 아무도 다른 사람의 소유가 될 수 없다. 사람을 구입한 가구처럼 소유할 수는 없는 일, 배우자는 자신이 원하는 것을 할 권리가 있다. 그것들이 당신의 마음에 들지 않더라도 말이다.

4. 모든 사람에겐 사랑하는 능력이 내재되어 있음을 기억하라.

그러나 이 능력을 모두가 똑같은 방식으로 똑같은 빈도로 표현하는 것은 아니다. 사랑을 표현하는 형태는 무척 다양하다. 꽃을 선물하는 것도 사랑이고, 상대방이 좋아하는 음식을 만드는 것도 사랑이다. 상대방을 비판하는 것도 사랑의 표시일 수 있다. 상대방이 싫어할 줄 알면서도 좋지 않은 점을 지적하는 것은 상대방을 소중히 여기지 않고서는 할 수 없는 일이다.

5. 배우자가 하고 싶어 하는 것을 하도록 뒷받침해주라.

성공적이고 좋은 부부관계는 대부분 서로에게 각자 스스로를 펼치고 계속 성장해나갈 수 있는 자유를 허락하는 관계다.

둘이 있어서 좋은 점이 무엇인가? 파트너십의 장점은 자신의 목표를 이룸에 있어 상대방의 도움과 지지를 받을 수 있다는 것이다. 서로 구속하고 이기적인 요구로 서로를 통제하고, 상대방의 자유를 제한하면 오히려 혼자 사는 것보다 더 못한 형편이 된다. 배우자와 헤어진 사람에게 헤어져서 좋은 게 뭐냐고 물으면 종종 다음과 같은 대답을 들을 수 있다. "드디어 양심의 가책 없이 내가 하고 싶은 것을 할 수 있게 되었어요. 아무도 내 행농에 간섭하고 진소리를 하는 사람이 없어요."

성공적인 부부관계를 원한다면 배우자에게 최선의 뒷받침을 해주라. 그는 당신에게 감사할 것이다. 물론 그것은 위험할 수도 있다. 배우자에게 너무 많은 자유를 주다가 어느 날 배우자가 당신으로부터 도망가버릴까 봐 걱정될 것이다. 하지만 집착하고 자유를 구속해도 그런 일이 있을 수 있다. 집착하고 매달린다고 그런 일이 일어나지 않는 것은 아니다. 당신은 상대방의 사랑을 강요할 수 없다. 구속하고 사랑을 강요하다 보면 오히려 대부분 원하던 상태의 반대에 이르게 된다.

6. 대립과 갈등이 없는 부부관계는 없다.

갈등이 없다는 것은 무언의 경고다. 갈등이 없는 관계에서는 뭔가가 썩어가고 있을 확률이 높기 때문이다. 두 사람의 의견이 언제나 일치되는 것은 절대적으로 불가능하다.

동의를 못 얻을까 봐 두려울지라도 배우자와 더불어 자신의 생각과 입장을 나누라. 그럴 때만 서로 사이가 멀어지는 것을 피할 수 있다. 의견이 서로 일치하지 않는다고 서로 물고뜯고 싸움을 벌일 필요는 없다. 그저 서로의 의견을 의견 자체로서 서로 양립하도록 놔두면 된다.

자신의 의견을 '나는 ~'라는 형식을 이용해 '나는 이러이러한 생각이야'라고 명확히 표현하라. '당신은 이러이러하게 해야 해' 또는 '당신이 어떻게 이러이러할 수 있어?'라고 표현하면, 공연한 권력다툼이 벌어지게 되고, 각자는 자신이 옳다는 걸 증명하려고 한다. 누가 옳은지는 중요하지 않다. 모두가 나름대로 생각할 권리가 있다. 둘 모두 생각을 말하고, 어떤 해결책이 있을 수 있을지 자문하라.

불만을 솔직하게 말로 표현하지 못하겠다면, 편지를 활용해도 좋다. '나는 이러이러하게 느꼈다. 왜냐하면 내가 당신이 이러이러하게 해주기를 바랐었기 때문에'라는 식으로 자신의 감정과 생각을 적어서 말이다.

7. 배우자의 어떤 점이 마음에 드는지 늘 상기하라.

그리고 배우자에게 사랑하고 감사하는 마음을 되도록 자주 품으라.

8. 번갈아가며 배우자를 기쁘게 만들라.

무엇이 배우자에게 기쁨을 줄지 생각하라. 배우자가 산책을 나가자고 해도 가기 싫어서 보통 거절했다면, 함께 산책을 나가보라. 무엇이 됐건 배우자를 위해 한다는 것이 중요하다. 다음번에는 배우자가 당신을 위해서 뭔가를 해줄 것이다. 다시금 의식적으로 배우자에게 기쁨을 선사하는 것이 목표다. 원하는 것을 얻은 사람은 상대를 더욱 사랑하게 된다는 진리를 이제는 알고 있을 것이다.

9. 때로 각자 상대방에게 바라는 것은 무엇인지 배우자와 터놓고 대화하라.

추가로 원하는 것, 또는 달라진 바람은 무엇인가? 회사와 마찬가지로 공동의 목표를 확실히 하고, 어떻게 하면 각자의 삶을 더 업그레이드하고 변화시킬 수 있을지 상의하라.

10. 부부관계는 윈윈 게임이다.

부부관계에서 중요한 것은 한쪽이 승리하고 한쪽이 패배하는 것이 아니다. 관계가 유지되려면 둘 모두 이겨야 한다. 둘이 의견을 조율하고, 때로 '다른 사람을 위해' 뭔가를 할 준비가 되어 있을 때만이 게임이 계속될 수 있다.

"질투가 나지 않는다면, 사랑하지 않는 게 아닐까?"

—질투심을 극복하는 법

비르기트는 30대 후반의 기혼여성이다. 비르기트가 처음 우리를 찾아왔을 때 그녀는 에너지가 넘치고 자신감이 가득한 모습이었다. 그래서 비르기트가 자신이 심한 두려움에 시달리고 있다고 했을 때 우리는 매우 놀랐다. 그러나 곧 그녀의 문제는 두려움이 아니라 질투라는 것이 밝혀졌다.

비르기트는 예외적으로 질투심이 많았다. 남편과 함께 파티나 모임에 갈 때마다 그녀는 질투심으로 어찌할 바를 몰랐다. 그럴 때마다 비르기트는 죽을 것 같은 고통을 견뎌야 했다. 그도 그럴 것이 비르기트는 남편에게서 잠시도 눈을 떼지 않았기 때문이었다. 남편이 아무 생각 없이 다른 여자를 쳐다보기만 해도 비르기트는 분노를 주체하지 못했다. 마구 따지면서 뺨이라도 때려주고 싶은 심정이 되었다. 남편이 다른 여자랑 이야기를 하거나 그 여자를 보고 미소를 짓거나 심지어 그 여자와 춤이라도 추면 끝장이었다.

그리하여 모임을 마치고 집으로 돌아가면 비르기트는 남편에게

으레 바가지를 긁었다. 그 여자 이름은 뭐냐, 그 여자를 어떻게 생각하느냐, 무슨 이야기를 했느냐, 언제부터 알고 지낸 사이냐 등등 미주알고주알 캐물었다. 그리고 때로는 남편이 용서를 빌 때까지 일주일 내내 남편에게 말을 걸지 않았다.

질투하는 사람들은 늘 자신이 옳다고 믿는다. 다른 사람이 부당하다는 것에 한 치의 의심도 없다. 질투심 있는 사람들은 전제군주와 같다. 파트너가 마치 소유물이라도 되는 양, 파트너를 지휘한다. 파트너를 독점하기 위해 가차 없는 싸움을 벌인다. 남편이 친척에게 입맞춤을 했을 때 비르기트는 이렇게 생각했다.

'쳇, 내가 저런 행동을 싫어한다는 것을 뻔히 알면서 저런 행동을 하다니……. 얼마나 생각이 없는 짓이람? 그이가 저렇게 행동해서는 안 되는 거라고. 입맞춤은 내게만 해야 해. 그는 오로지 나의 것이니까. 어찜 저렇게 내 생각을 조금도 하지 않을 수가 있지? 나를 생각했다면 저런 행동은 하지 않을 텐데.'

인간은 왜 질투를 느낄까?
—

비르기트가 그렇게 질투심이 많은 것은 바로 열등감과 자격지심 때문이다.

질투하는 사람들은 파트너가 자기가 아닌 다른 사람을 매력적으로 생각하는 것을 두려워한다. 그들은 스스로를 매력이 없거나, 못생겼거나, 멍청하다고 생각한다. 자신이 훌륭한 파트너와 결혼했거나 그런 파트너와 사귀고 있다는 것을 스스로 놀랍게 생각하는 경우가 많다.

질투하는 사람들은 이렇듯 자신의 가치를 의심함으로써 파트너가 자신을 진정으로 사랑할 수 없다고 믿는다. 그 때문에 자신을 대신할 사람을 찾는다고 생각한다. 그들은 '그(그녀)가 나를 진정으로 사랑한다면, 그(그녀)는 다른 여자(남자)를 쳐다볼 필요가 없을 텐데'라고 생각한다. 파트너가 자신에게서 떠날까 봐, 파트너에게 자신을 아직도 사랑하는지를 수시로 확인한다. 그리고 질투의 드라마를 연출하고, 잠자리를 거부하고, 파트너를 비난하고, 전화를 감시하고, 옷에 낯선 머리카락이나 립스틱 자국이 묻어 있는지를 검사하고, 가방을 뒤지는 등의 행동을 한다.

파트너가 자신을 더 이상 좋아하지 않는다고 백 퍼센트 확신하기 때문에, 파트너는 그렇지 않다는 것을 증명할 기회가 없다. 파트너는 몇 번 그럴 의도가 아니었다고 설명한다. 하지만 상대가 믿어주지 않으므로, 시간이 가면서 아무 변명도 하지 않는다. 그러면 파트너가 변명을 하지 않는 것을 보면서 자신들의 두려움이 기정사실화되었다고 본다. '결백하다면 아니라고 말했을 것이기' 때문이다. 이어 며칠간 말싸움을 벌이고 옥신각신한다. 결국 파트너는 이런 끝나지 않는 질투의 드라마를 더 이상 견디지 못하고 헤어지자고 선언한다. 질투하는 사람은 그러면 더욱 열등감에 사로잡혀, 자신이 걱정했던 일이 드디어 닥쳤다고 생각한다.

"질투심이 일지 않는다면, 상대방을 사랑하지 않는 게 아닐까요?"

그렇지 않다. 사랑한다면 마땅히 질투심이 일어야 한다는 것은 널리 퍼진 오해다. 사랑은 결코 부정적인 감정과 동시에 나타날 수 없는 긍정적인 감정이다. 질투를 하면서 상대를 부정적으로 대하든지, 그를 사랑하든지 둘 중 하나다. 질투는 사랑과 아무 관계가 없다. 질투는 그저 파트너를 소유하고자 할 뿐이다. 질투하는 사람들은 자기 없이 파트너가 삶의 좋은 경험들을 하는 것을 원치 않는다. 질투는 아주 이기적인 감정이다.

질투를 한다는 것은 단지 스스로를 모자란 사람으로 생각한다는 의미에 지나지 않는다. 스스로를 비난하고 비하하는 습성이 몸에 밴 것이고, 자기 존중과 인간으로서의 가치를 다른 사람의 사랑과 인정 같은 외적인 것에 종속시키고 있는 것이다.

질투를 그만두고자 한다면 자신에 대한 부정적인 입장을 손보아야 한다. 자신에 대해 부정적인 상을 가지고 있는 한, 자연스럽게 질투를 하게 된다.

질투의 배후에는 종종 커다란 의존심이 있다. 질투하는 사람은 아무것도 스스로 해결하지 않고, 자신의 바람과 내적인 만족을 파트너에게 책임지도록 미룬다.

당신이 질투를 한다면 그것은 오로지 당신의 책임이다! 당신 문제의 책임을 파트너에게 돌리지 않길 바란다. 당신의 파트너가 다른 사람들에게 칭찬을 하거나 다정하게 대하는 것은 인간으로서 자연스러운 태도이지, 당신의 질투심을 부추기려는 것이 아니다. 당신의 파트너가 취미생활을 열심히 하는 것 역시 당신의 질투심을 유발하려는 것이 아니다.

질투라는 문제를 만드는 것은 당신 자신이며, 당신만이 그것을 극복할 수 있다. 파트너의 행동은 인간으로서 당신이 지닌 가치에 대해 아무것도 이야기하지 않는다. '내가 사랑받을 만하다면 그가 그렇게 하지 않을 텐데' 또는 '그가 나를 사랑한다면 이런 식으로 하지 않을 걸'이라는 생각은 옳지 않다.

파트너의 일거수일투족을 무조건적으로 당신과 연관시켜 해석하는 것은 지나친 비약이다. 가령 결혼을 목적으로 입에 발린 말을 하는 사람은 사려 깊고 매력적으로 보일 수도 있지만 그의 마음속에는 사랑의 '사'자도 없을 수 있다. 당신의 파트너가 직장동료를 칭찬한다고, 그것이 그가 당신을 더 이상 사랑하지 않는다는 뜻은 아니다. 설사 파트너가 당신을 예전만큼 사랑하지 않는다 해도, 그것이 당신이 사랑받을 가치가 없는 사람이라는 뜻은 아니다.

질투하는 사람들의 생각

—

"그 사람 없는 나는 아무것도 아니야."

이것은 자신을 몹시 비하하는 발언이다. 그렇게 생각한다면 자신의 가치를 다른 사람에게 종속시키는 것이다. 생각해보라. 그 사람을 알기 전에는 어땠는가? 그 사람 없이도 몇십 년을 잘 살아오지 않았는가? 그 오랜 세월 동안 당신은 아무것도 아니었는가? 물론 그렇지 않을 것이다. 당신은 예전 그대로다. 실수를 간혹 하지만 그럼에도 가치 있는 인간이다. 다른 사람들이 무슨 말을 하고 어떤 행동을 하든지 상관없이, 다른 사람들이 당신을 인정해주고 사랑하는지와 상관없이 그 사실에는 아무런 변화가 없다.

인간으로서 당신이 가진 가치는 다른 사람들의 인정이나 사랑에 달려 있지 않다. 그러므로 자신에 대해 그런 비하적인 판단을 하는 것을 중단하라.

"그 사람은 나만의 것이야."

아무도 다른 사람에게 속하지 않는다. 연인관계나 결혼은 인생의 일부분을 함께 가고자 하는 두 사람의 합의일 따름이다. 상대에게 얼마나 많은 시간과 사랑과 에너지를 쏟았는지와 상관없이 당신은 상대방에게 영원히 당신에게 붙어 있으라고 요구할 수 없다. 그 사람에게 그렇게 많은 공을 들인 후에 그와 헤어지는 것은 있을 수 없는 일이라고 생각한다고 하여, 그 사람이 당신을 떠나면 안 된다는 법은 없다. 옷과 가구는 구입하면 당신 것이 된다. 그러나 사람은 구입할 수 없다.

파트너가 더 이상 애정이나 사랑을 보이지 않는 것에 실망하는 것은 이해할 수 있다. 파트너와 함께하고 싶어 하는 것도 이해할 수 있다. 그러나 파트너를 소유물로 선언하는 것은 건강하지 못한 일이다.

"그 사람은 나를 웃음거리로 만들어. 나를 모욕해."

파트너가 다른 사람에게 잘해주고 즐겁게 이야기하는 것이 어째서 당신을 웃음거리로 만드는 것인가? 당신 스스로 모욕당하고 웃음거리가 된다고 생각하지 않는 한, 아무도 당신을 모욕하거나 웃음거리로 만들 수 없다.

여기에서도 원인은 다시금 당신의 낮은 자존감이다. 파트너의 행동이 당신에 대한 무관심을 표현한다고 생각되는 것, 파트너가 자신의 화를 돋우고, 다른 사람들이 그로 인해 자신을 비웃을 거라고 생각되는 것, 이 모든 것이 낮은 자존감에서 연유하는 생각이다. 자존감이 높은 사람은 그다지 상처를 받지 않는다. 그러므로 당신을 바보로 만든다거나 창피를 준다고 파트너에게 죄를 뒤집어씌우지 말라. 당신의 파트너는 결코 그렇게 하지 않는다.

이유 있는 질투는 없다

————

사람들은 우리에게 파트너가 정말로 바람을 피우는 등 질투에 합당한 이유가 있다면 어떻게 해야 하느냐고 묻는다. 하지만 우리는 이유 있는 질투는 없다고 말하고 싶다. 그것은 시험에 떨어지지 않을까 하는 두려움이 실제로 시험에 떨어졌기 때문에 옳은 것으로 증명되었다고 말하는 것과 같다. 시험에 떨어진 것은 아마도 패닉 상태에서 두려움에 떠느라 아는 것까지 다 잊어버렸기 때문일 것이다.

질투에 이유가 있다고 느껴지는 것은 우리 스스로 질투에 이유를 부여하기 때문이다. 우리는 '그 사람이 이러이러하게 하는 것은 나를 더 이상 사랑하지 않는 것이다. 그는 그렇게 해서는 안 된다. 나는 그의 사랑이 필요하다'라고 말한다. 그리고 그 결과로 질투심을 느낀다. 파트너가 직장동료와 데이트하고 있을지도 모른다고 상상을 하고 질투심을 느낀다.

한쪽 파트너가 질투심이 아주 많을 경우, '의심을 받는' 파트너가 반감에서 진짜로 외도를 하는 경우가 왕왕 발생한다. 계속해서 의심을 받는 것에 너무 질리고 화가 나서 '이렇게 내내 의심을 받고 질책과 비난을 당하느니 정말로 바람을 피우는 게 낫겠다'고 혼잣말을 하게 되는 것이다. 물론 아주 이성적인 결론은 아니다. 하지만 이해할 수 있는 결론이다. 물론 그것이 외도를 위한 변명이 되지는 못하겠지만 말이다.

'이유 있는 질투가 있는가?' 하는 질문보다 훨씬 중요한 것은 '내가 질투하고 싶은가? 내가 질투하는 내용이 정말로 사실에 근거하고 있는지 아닌지와 상관없이, 내가 질투라는 안 좋은 습관으로 나를 꼼짝 못하게 가두고 일상을 마비시키고 싶은가?' 하는 질문이다.

질투심에서 벗어나려면

——

1. 질투의 원인은 나 자신에게 있지 파트너에게 있지 않다.

파트너에게는 아무런 책임이 없다는 것을 분명히 하라.

2. 자존감을 높이라.

인간으로서 자신이 지닌 가치를 타인이나 타인의 행동에 종속시키지 말라. 당신은 존재하는 그 자체로 가치 있고 귀중한 사람이다. 세상의 아무것도, 그 누구도 그 사실을 바꿀 수 없다. 자신을 인정하고 존중할 것인가는 스스로 결정해야 한다. 파트너를 자신이 원하는 대로 조종한다고 질투심이 해결되지는 않는다. 스스로를 사랑하라. 그러면 질투의 문제와 다른 많은 문제가 해결될 것이다.

3. 당신이 파트너에게 무엇을 제공할 수 있으며, 파트너가 당신과 더불어 사는 것이 무엇 때문에 좋을지를 찾아보라.

이때 자신의 강점과 능력을 목록으로 작성해보면 좋을 것이다.

4. 친구들을 사귀고, 자신만의 관심사를 개발하라.

개인적으로 더욱 성공적인 경험들을 함으로써 파트너에게 의존된 삶을 탈피하라.

5. 파트너를 중죄인처럼 심문하고 몰아붙이지 말라.

바가지를 긁고 스파이처럼 파트너의 뒤를 캐는 것을 중단하라. 그런 태도는 파트너로 하여금 점점 더 당신에게서 멀어지게 할 뿐이다. 소유물처럼 취급되는 것을 좋아할 사람은 없다.

6. 모든 것을 공연히 자신과 연결시켜 생각하지 말라!

파트너가 다른 사람에게 다정한 태도를 보이는 것은 당신이 마음에 들지 않아서가 아니다. 마음을 편안하게 먹으라. 파트너는 그저 인간적으로 다른 사람들에게 친절하게 대하는 것뿐이다. 파트너의 친절하거나 예의바른 행동을 의심하는 것은 파트너에게 부당한 일이다. 차에 작은 흠집이 났다고 차를 폐차시키는 것과 비슷하다.

7. 질투의 ABC를 만들라.

스스로 크게 질투심이 발동하는 상황을 선택하라. 그때 자신에게 떠오르는 생각에 도전하고, 그런 상황에 신경을 곤두세우지 않는 데 도움이 될 현실적인 대안을 작성하라.

8. 자신의 상상을 점검하라.

파트너가 바람을 피우거나 자신을 속이는 상상을 하는 자신을 발견했는가? 속으로 '그만!' 하고 외치면서 상상을 의식적으로 끊으라. 그런 상상을 계속 붙들고 있지 말라. 그런 걸 상상할수록 화가 나며, 불안과 질투심이 가중될 뿐이다.

9. 매일매일 규칙적으로 긍정적인 상상 연습을 하라.

질투가 이는 전형적인 상황을 머릿속에 그려보라. 이제 질투심을 발휘하는 대신 현실적인 대안을 머릿속으로 떠올려보라. 가령 파트너가 제 시간에 집에 오지 않는다고 상상하라. 당신은 그를 기다리고 있다. 그러나 이제 의심스런 상상을 하는 대신, 열심히 야근을 하고 있거나 차가 막히는 등의 상상을 하라. 이성적인 이유를 대라. "별일 아니야. 질투할 이유가 없어"라고 되뇌라.

10. 30일 동안 다음 글을 최소한 하루에 한 번 이상 읽으라. 녹음을 해서 매일 들으면 더 좋을 것이다.

"오늘부터 나는 파트너를 신뢰하기로 결정한다. 파트너의 행동과 상관없이 내 기분은 내가 결정한다. 파트너는 자기가 하고 싶은 대로 행동할 권리가 있다. 설사 그것이 내 마음에 안 드는 행동이라고 해도 말이다. 파트너는 나의 소유물이 아니다. 그는 나와 기꺼이 인생 길을 함께 가기로 했다. 그 사람이 다른 사람들에게 친절한 것이 뭐가 잘못되었단 말인가? 그의 행동이 나와 무관하다는 것을 인정할 때 나는 아무렇지 않을 수 있다. 파트너에게 수시로 확인하지 않더라도, 나는 매력적이고 소중한 사람이다."

"자기 싫어도 그와 함께 자야 해."
—원만한 성생활을 하는 법

바바라는 28세로, 3년 전에 결혼했다. 그녀가 우리를 찾아온 것은 도무지 성적 욕구가 생기지 않아서였다. 성관계가 아주 불쾌하고 귀찮기만 하다는 것이다. 바바라는 결혼 전에도 그다지 성적 욕구가 강하지 않았다고 한다. 그러나 그때는 지금처럼 성관계가 혐오스럽게 느껴지지는 않았다. 그녀는 2~3주에 한 번씩 관계를 맺는 것만으로도 버거운 반면, 남편은 수시로 성관계를 요구한다.

페터는 42세로, 발기부전 때문에 고민하고 있다. 성기가 딱딱해지지 않는 경우가 많고, 질에 삽입하려고 하면 축 늘어진다.

이런 문제의 가장 흔한 원인은 성에 대해 무지하거나 욕구를 불러일으킬 의지가 빈약하기 때문이며, 욕구를 저해하는 생각을 하기 때문이다.

욕구는 스스로 만들어내는 것

─

성적 욕망과 흥분이 어떻게 일어나는지에 대해 오해를 하는 사람들이 많은데, 성적 흥분은 모든 감정과 마찬가지로 생각과 성적 상상을 통해 유발되는 신체 반응이다. 예를 들어보자.

🅐 상황
한 남자 혹은 한 여자를 본다.

🅑 평가
그(그녀)에게 호감을 느끼며, 그(그녀)와 신체 접촉을 하면 얼마나 좋을까를 상상한다.

🅒 감정, 신체 반응, 행동
호감과 성적 흥분을 느낀다.

성적으로 흥분하는 동시에 위험하거나 지루한 생각을 하는 것은 불가능하다. 성적 욕망은 우선적으로 흥분되는 생각과 상상에 대한 반응이다. 우리의 몸은 그 생각에 근육의 긴장과 호르몬 분비, 심장 박동의 증가와 가쁜 호흡 등으로 반응한다.

따라서 우리를 흥분시키는 것은 파트너가 아니다. 파트너는 당신을 흥분시킬 수도 없고, 욕망을 앗아갈 수도 없다. 그러므로 더 이상 성적 흥분을 느끼지 못하는 것을 파트너의 책임으로 돌리지 말

라. 그 사람은 전혀 아무것도 할 수 없음을 직시하라. 욕구는 스스로 만들어내는 거라는 생각이 새롭고 낯설 것이다. 그러나 그 사실은 커다란 기회가 된다. 그것은 당신이 만족스런 성관계를 위해 무언가를 할 수 있다는 것을 의미한다.

성생활을 저해하는 생각들

다음과 같이 생각한다면 성적 흥분은 결코 불가능하다.

> "질이 계속 건조한 상태로 있으면 어떻게 하지?"
> "성기가 처지면 어떻게 하지?"
> "사정을 너무 일찍 해버리면 어떻게 하지?"
> "제대로 못하면 어떻게 하지?"
> "잘 안 되면 어떻게 하지?"

이런 질문의 배후에는 '그런 일은 정말 끔찍해. 참을 수 없는 일이야!'라는 생각이 숨어 있다. 이런 생각은 어쩔 수 없이 두려움으로 이어진다. 그러나 설사 그런 일이 일어난다 한들 뭐가 어떻다는 것인가? 오르가슴에 도달하지 못하거나 성적 흥분을 잃어버리는 것이 그렇게 나쁜 일인가? 당신은 단추를 누르면 작동되는 기계가 아니다. 걱정을 버리면 흥분이 찾아올 것이다.

"발기를 잘해야 해."
"파트너를 만족시켜야 해."
"언제나 욕구가 있어야 해."

'○○○해야 해'라고 생각할 때마다 긴장과 압력이 느껴진다. 이래서는 성적으로 흥분할 수 없다. 성적 흥분은 억지로 되는 게 아니다. 흥분되는 생각을 하면 몸은 자동적으로 흥분 상태에 이른다.

성관계를 하는 것만이 중요한 것은 아니다. 그것은 성생활의 한 형태일 따름이다. 쓰다듬고 애무만 하는 것도 성행위다. 꼭 오르가슴을 느낄 필요는 없다.

"여자를 만족시키지 못하면 난 남자도 아냐."
"오르가슴을 느끼지 못하면 나는 좋은 아내가 아니야."
"파트너를 만족시키지 못하면 나는 좋은 남편(아내)이 아니야."

이런 생각으로부터 자유로워져라. 오르가슴에 도달하지 않는다고 큰일 나는 것은 아니다. 이번 아니면 다음번에도 기회가 있다. 성기가 딱딱해지지 않았다고 남자가 아닌 것은 아니다. 마음을 편안히 하고 흥분되는 생각을 하라.

"좋아도 표시를 내면 안 돼."

"입으로 소리를 내어 만족감을 표현해서는 안 돼."

"이 자리는 파트너가 손대면 안 되는 자리야."

이런 생각들은 널리 퍼져 있다. 하지만 그 배후에는 잘못된 혹은 낙후된 도덕관과 개인적인 편견이 숨어 있다. 그런 생각들이 정말로 이유가 있는 것인지 점검해보라. 의료적으로나 건강상으로 특별히 조심해야 할 것이 없고, 파트너가 동의하는 한 여러 가지 다양한 변화를 시도할 수 있다. 새로운 체위와 변화를 시도해보라.

"무조건 파트너에게 응해야 해. 그렇지 않으면 좋은 파트너가 아니야."

"나는 파트너를 성적으로 만족시켜줄 의무가 있어."

"자기 싫어도 그와 함께 자야 해."

이와 비슷한 생각들은 높은 긴장과 부담으로 이어진다. 이 경우 별로 성적 욕구가 생기지 않는 사람에겐 두 가지 가능성만 남는다. 성행위를 거부하고 죄책감을 느끼거나, 싫은데 억지로 하고 날이 갈수록 점점 더 욕구를 잃어버리거나. 그리하여 결국 파트너를 혐오하고, 자신의 몸을 혐오하게 되는 여자들이 종종 있다.

그러므로 다음을 확실히 하라. "꼭 부부관계를 가질 필요는 없어. 파트너는 그것을 요구할 권리가 없어. 나는 내가 하고 싶은지 아닌지, 또 언제 하고 싶은지 결정할 자유가 있어. 내 손만 빌려줄 수도 있어. 얼마나 자주 성관계를 가져야 하는지에 대한 기준은 없어. 그것은 파트너와 조율해나가면 돼. 성욕이 별로 없다 해도 그건 이상한 것이 아니라 파트너와 다를 뿐이야."

"맙소사, 머릿속에 그 생각밖에 없나 봐."
"평소에는 그 따위로 행동하면서 감히 잠자리를 요구하다니."
"상대가 원할 때마다 나더러 다리를 벌려주라고?"

이런 생각은 파트너에 대한 반감과 분노로 이어진다. 파트너와 만족스런 성관계를 가지고 싶다면, 일상의 갈등을 이런 방법으로 처리해서는 안 된다. 평소 어떤 행동이 당신을 힘들게 하는지 파트너에게 이야기하라.

"난 또 실패할 거야."
"난 제대로 못할 거야."
""무조건 오르가슴을 느껴야 해."
"성기가 딱딱해져야 하는데……."

이런 생각은 당신을 꽁꽁 옭아매고 두려움에 빠뜨린다. 이렇게 스트레스를 받으면 정확히 피하고자 했던 상황이 발생한다고 확신해도 좋다. 성기는 계속해서 늘어져 있고, 오르가슴은 찾아오지 않는다. 그러고 나서 모든 불행에 침울해진 나머지 '또다시' 실패한 것에 대해 스스로 비난한다면, 당신은 자신의 생각과 입장을 점검해야할 것이다. 마음을 편히 가져라. 당신은 무슨 대회 같은 것에 참가하고 있는 것이 아니다.

당신은 업적을 이룰 필요가 없다. 스스로에게 점수를 매기고 실패할 때마다 점수를 깎는 것을 중단하라. 성생활은 즐기고 긴장을 푸는 것이지, 업무의 부담을 침대까지 지고 가는 것이 아니다.

"난 아직 젊으니까 욕구가 더 많아야 하는데."

"신혼이 이렇게 맹숭맹숭하면 안 되는 것 아닌가?"

"난 아내(남편)를 사랑하니까, 당연히 성관계도 하고 싶어야 하는데."

이런 생각 역시 부담과 불만족으로 작용한다. 성적 욕망은 항상 동일한 것이 아니다. 한편으로는 생각과 상상에, 한편으로는 외적 조건과 몸 상태에 강한 영향을 받는다. 배우자와 헤어졌다든지, 부모님 중 한쪽이 돌아가셨다든지, 아이가 아프다든지, 직장에서 해고당했다든지, 직업적인 긴장이나 부담 등의 위기상황에서는 대부분 성욕이 떨어진다. 피로 역시 성욕을 감퇴시킨다. 혈액순환 장애, 고혈압, 호르몬 장애, 당뇨병, 우울증, 또는 고혈압이니 우울증 약 복용에 따른 부작용도 욕구를 대폭 저하시킬 수 있다.

따라서 일시적인 '성욕 감퇴'를 인정하라. 그리고 외적인 조건을 어떻게 변화시켜서 다시금 욕구를 느낄 수 있을지를 생각하라.

원만한 성생활을 위한 조언

---

1. 있는 그대로의 자신을 받아들이라.

자신과 자신의 몸을 위해 시간을 내라. 벗고 거울 앞에 서서 자신의 몸을 바라보고 몸과 친해져라. 매끈하지 못하고, 균형이 무너졌고 주름이 있다 해도 몸은 그 자체로 아름답다. 스스로 자신의 몸을 좋아하지 않으면 편안히 자신을 내어줄 수 없고 성적으로 몰입할 수 없다. 부드럽게 자신의 몸을 쓰다듬으며 자신의 몸에서 민감한 부분을 찾아보라. 그러다 보면 욕구가 생길 것이다.

2. 잘 안 될지도 모른다는 두려움이 당신을 방해한다.

파트너와 터놓고 이런 두려움과 다른 부정적인 감정에 대해 이야기를 나누라. 일상생활에서 파트너를 못마땅하게 생각하고 있었다면 그 역시 성생활을 방해한다. 파트너와 더불어 살아가면서 당신을 화나게 하는 것이 무엇이고, 언제 실망했고, 정확히 무엇이 달라졌으면 하는지를 이야기하라. 파트너에게 이해받지 못하고 혼자 남겨진 것처럼 느껴진다면, 성적으로 자신을 열 수가 없다.

3. 성적으로 자극이 되는 생각들을 하라.

어떤 상상과 생각이 당신을 흥분시키는가? 스스로를 흥분시키기 위해 머리를 활용하라. 이런 이야기가 자연스럽지 않게 들릴 것이다. 하지만 우리의 신체는 그렇게 작용한다. 흥분의 90퍼센트가 생각을 통해, 10퍼센트만이 신체접촉을 통해 일어난다.

4. 되도록 멋지고 아름답게 즐기려고 노력하라.

이기심을 발휘하라. 파트너와 함께하는 것을 즐길수록 파트너도 더 많이 즐기게 될 것이다. '파트너가 절정에 이르러야 할 텐데' 등의 생각은 흥분을 방해한다.

5. 되도록 자주 새로운 시도를 해보라.

같은 시간대만 고집하지 말고 장소에도 변화를 주라. 욕실에서, 거실에서, 소파에서 사랑하라. 불감증에 걸린 사람처럼 살지 말라. 머릿속의 금기사항들을 던져버리고 당신과 파트너가 즐거운 것을 하라. 둘에게 어떤 것이 맞는지 찾아보라. 둘만 좋다면 어떤 것이든 좋다.

6. 당신이 좋아하는 것을 파트너에게 알려주라.

당신의 파트너는 예언자가 아니다. 이야기해주지 않으면 알지 못한다. 어떤 사람은 위에서 하는 것을 좋아하고, 어떤 사람은 아래에서 하는 것을 좋아하며, 어떤 사람은 거칠게 다루면 좋아하고, 어떤 사람은 부드러운 것을 좋아한다. 성감대도 사람마다 다르다. 파트너에게 당신이 무엇을 좋아하는지를 보여주라.

7. 상상 연습을 하라.

하루에 여러 번 파트너와 자는 것을 상상하라. 에로틱한 상상을 하라. 즐겁게 친밀함을 즐기는 자신을 상상하라.

8. 얼마나 자주, 얼마나 진하게 사랑을 해야 하는지의 기준은 없다.

꼭 절정에 이르러야 하며 파트너가 성관계를 요구하지 않으면 더이상 당신을 사랑하는 것이 아니라는 등 세간에 돌아다니는 모든 표준들을 다 내다버려라. 흥분은 필요하다고 생기는 것이 아니다.

9. 파트너에 비해 성적 욕구가 많을 수도 있고, 적을 수도 있음을 인정하라.

파트너와 조율하여 각자가 최소한의 수준이라도 욕구를 만족시키는 방법을 모색하라. 자위행위, 페팅, 손과 입을 이용하는 것 등이 대안이 될 수 있다. 성욕은 허기와 비교할 수 있다. 사랑할 때만이 배고프지 않다. 성적 욕구는 시간에 따라서도 변한다. 신체적으로 지치고 피곤한 시기에는 성욕도 줄어든다.

10. '전에는 이렇지 않았다'고 비난하는 것은 두 사람에게 아무런 도움이 되지 않는다.

처음에 사랑에 빠졌을 때는 이렇게 매일처럼 얼굴을 맞대지 않았고, 데이트 약속을 해놓은 날이면 온종일 함께 있을 생각으로 가슴이 설레었다. 그리하여 '랑데부'를 할 즈음이면 이미 성적 분위기가 조성되어 있었다.

지금 당신은 그와 함께 결혼생활을 하면서 아마도 가사노동이나 세금 신고 같은 잡다한 일로 하루종일 골머리를 앓고 있을지도 모른다. 그런 일들은 성적 흥분에 도움이 되지 않는다. 남편이 퇴근하여 당신을 향해 성적 관심을 보이더라도, 정원에 물을 주어야 하고 부엌을 청소해야 하는 등 아직 산적한 할 일이 떠오른다. 그러면 불꽃은 당신에게 옮겨붙을 수 없다.

그러므로 의도적으로 남편과 단둘이 오붓하게 보낼 시간을 만들라. 아이들을 일찍 잠자리에 들게 하거나 주말을 이용하여 조부모에게 보내거나 한 후, 전에 연애할 때처럼 남편을 위해 시간을 내라. 예쁜 옷을 입고, 집 안을 꾸미고, 촛불을 켜는 등 최선을 다해 좋은 분위기를 연출하라.

에로틱한 소설을 함께 읽을 수도 있고, 에로틱한 영화를 볼 수도 있고, 함께 샤워를 하면서 마사지를 해줄 수도 있고, 야한 속옷을 입을 수도 있다. 둘에게 좋다면 모든 것이 가능하다.

11. 파트너에게 자신이 언제 애무만을 원하고 언제 그 이상을 원하는지를 분명히 하라.

때로 가벼운 신체 접촉만을 원하는 것은 아주 정상이다. 이때 파트너가 '그 이상'을 원한다면, 섹스 외에 둘에게 알맞은 다른 해결책을 찾아야 한다.

V

SELF-HELP
GUILT
EMOTIONS
RELATIONSHIPS
MINDSET

∧

감정을 변화시키는 레시피

'말은 쉽고, 행동은 어렵다'는 말은 얼마나 적확한가! 이 책을 읽고 옆으로 치워놓은 다음 무작정 뭔가 변화할 거라고 기대하는 것만으로는 변화를 가져올 수 없다. 생각과 감정과 행동의 새로운 방식이 자연스럽게 체화될 때까지 부단히 노력해야 한다. 이 책을 요리책으로 생각하라. 어떤 요리를 처음 시도할 때 어떻게 하는가? 일단 레시피를 주의 깊게 읽고, 집에 레시피에 나오는 재료들이 다 있는지 생각할 것이다. 그러고 나서 한 단계 한 단계 레시피의 지시를 따를 것이다. 처음 읽을 때 모든 것을 숙지할 수 없기에, 모든 것을 잘하고 있는지 확인하기 위해 계속해서 레시피를 들여다볼 것이다.

이제 요리를 한 번 해보았다고 당신은 레시피를 외우는가? 그렇지 않을 것이다. 다음번에도 당신은 다시 요리책을 펼치고, 올바른 순서로, 올바른 양만큼 준비해나가고 있는지를 확인할 것이다. 그 요리를 자주하면 할수록 이제 요리책을 펼쳐보는 빈도수는 점점 줄어들 것이고, 시간이 지나면서 머릿속에 레시피가 자연스럽게 자리 잡을 것이다.

이 책의 '레시피'도 마찬가지다. 이 책을 한 번 날아갈 듯이 읽고 서 영원히 치워버리는 것으로는 충분하지 않다. 언제나 다시 펴서 읽을 수 있도록 이 책을 손이 닿기 쉬운 곳에 두라. 모든 '레시피'를 즉석에서 외우는 것은 불가능하다. 요리에도 연습이 필요한 것처럼 사고방식과 행동양식을 바꾸는 데에도 연습이 필요하다. 성공하기 까지 여러 번의 도움닫기가 필요할지도 모르지만, 인내심을 갖고 포 기하지 말라.

새로운 음식을 정확히 레시피대로 요리한 것 같은데도 음식이 썩 훌륭하지 않다면, 그것은 대부분 레시피의 문제가 아니다. 결과 가 불만족스런 것은 연습 부족 때문이다. 그러므로 이 책의 '레시피' 를 적용하다가 원하던 성공이 찾아오지 않는다고 '레시피' 탓을 하 지 말라. 문제는 이런 종류의 '요리'에 숙련되지 않아서다. 하지만 때 로는 좋은 요리책도 도움이 되지 않는다. 정확한 지시사항을 지켰는 데도 요리에 성공하지 못하는 경우에는 요리를 시범보일 사람이 필 요하다. 요리사의 도움이 필요한 것이다.

따라서 이 책의 '레시피'를 적용하는 데 어려움이 있다고 실망해 서 책을 옆으로 치우지 말라. 당신은 이런 '레시피'에 따라 삶을 변 화시킬 수 있다. 하지만 심리치료사의 도움이 필요한 경우도 있다.

모든 기술은 습득되어야 하며 대가가 되려면 실패도 거쳐야 한다. 실패는 모든 학습의 필수 구성성분이다. 레시피대로 몇 번 조리했을지라도, 언제나 똑같이 맛있게 되지는 않을 것이다. 그러므로 인내하라.

이 책은 능력과 변화의 기회를 줄 것이다. 기회를 활용하라. 더 기쁘고 행복하고 활기차고 건강한 삶을 위해 끈기를 가지고 힘을 내기를 바란다.

먼저 나 자신을 용서하라

'상한 감정의 치유'와 관련해 예나 지금이나 심리학에서 가장 비중을 차지하는 주제는 어릴 적 상처를 들추어 부모님이든, 선생님이든 그 상처를 준 사람을 용서하는 것인 듯하다. 친구들이나 지인들과 더불어 이런 주제를 가지고 이야기를 할 때마다 나는 이렇게 생각했다. "난 용서해야 할 사람이 떠오르지 않아. 살면서 내가 힘들어했던 문제들은 다 나 스스로 자초한 것들이야. 그러니 난 나 자신을 용서해야겠네."

그랬다. 감정문제 중에서 나를 가장 힘들게 했던 것은 '죄책감'이었다. '그때 왜 그랬을까. 그러지 말았어야 했는데……' 같은 말을 입에 달고 살다 보니 남편은 나에게 '○○○하지 말았어야 했는데, 이렇게 이렇게 할걸……' 등의 후회성 발언을 삼가달라고 정색을 하고 부탁하기도 했다. 아이와 관련해 어리석은 실수를 저질렀음을 알게 되었던 날에도 나는 스스로 머리통을 쥐어박으면서 이렇게 외쳤다. "멍청이 같으니라고! 멍청이! 어쩜 좋아, 어찌다 그랬니? 바보 같이……." 시일이 지나면서 그런 상처는 무뎌졌지만, 누가 그 상처를 건드리는 말을 할 때마다 죄책감은 다시금 고개를 들어 한동안 내 기분을 찜찜하게 만들었다. 내 삶을 더 쉽고 편안한 것으로 만들지 못한 것은 다 '내 탓'이라고 늘 생각했다.

이 책의 원서를 처음 받아들었을 때 별 기대 없이 책을 펼쳤다. 책의 인상이 왠지 요점을 정리해놓은 노트처럼 보였기 때문이었다. 하지만 한 장 한 장 읽어가면서 '오, 진짜 도움이 되겠는걸!'이라는 생각이 들었고, 작업을 해나가면서도 친구랑 전화통화를 할 때나 산책을 할 때마다 종종 이 책의 내용을 나누었다. 어떤 부분에서는 이런저런 걱정이 많아 힘들어하는 친구 생각이, 어떤 부분에서는 공황장애에 시달렸던 남동생 생각이 났다. 종종 내 생각을 옮겨다놓은 듯한 부분을 만나기도 했는데, 특히 죄책감을 다룬 장에서는 나 자신을 좀 더 용납하고, 죄책감이 떠오를 때마다 책에 소개된 방법을 사용해 부정적인 기분에서 효율적으로 벗어날 수 있었다.

이 책은 지지부진한 설명을 최대한 자제하는 가운데 그리 많지 않은 분량으로 부정적인 감정을 퇴치하는 데 꼭 필요한 내용들을 명쾌하게 정리해준다. 특히나 부정적인 생각이 부정적인 감정과 행동을 유발한다는 진단은 단순한 듯하면서도 우리가 평소 간과해온 메커니즘을 콕 집어준다. 아울러 다양한 부정적 감정들을 해결할 수 있도록 각 장마다 긍정적인 대안과 어렵지 않게 실행 가능한 연습들을 소개해주고 있으므로, 독자들은 스스로 필요한 부분을 골라 적용하면 될 것이다.

다른 사람의 행동을 보며 "쳇, 저 사람은 어떠어떠한 사람이야"라고 부정적인 판단을 하는 사람은 사실은 자신이 바로 그런 부분이 많은 사람이라는 이야기를 듣고 공감했던 적이 있다. 자기 자신이 그 점에 민감하다 보니 타인의 그런 행동이 눈에 들어오게 된다는 것이다. 이 책에도 그와 일맥상통하는 이야기들이 많이 나온다. 이 책을 통해 많은 독자들이 자신의 기분을 망치는 부정적인 생각을 돌아보고, 자존감을 새롭게 하며 쓸데없는 걱정과 우울과 공격성을 떨쳐버리고 긍정적인 마음가짐으로 더욱 풍성하고 행복한 삶을 누리게 되었으면 좋겠다.

– 유영미

부정적 감정을 다스리는 치유의 심리학

감정사용설명서

지은이 | 롤프 메르클레·도리스 볼프
옮긴이 | 유영미
펴낸이 | 이동수

1판 1쇄 펴낸 날 | 2010년   3월 30일
개정1판 1쇄 펴낸 날 | 2020년   3월   7일
개정2판 1쇄 펴낸 날 | 2024년 11월 25일

책임 편집 | 이수
디자인 | ALL 디자인 그룹

펴낸 곳 | 생각의날개

주소 | 서울시 강북구 한천로 109길 83, 102동 1102호
전화 | 070-8624-4760
팩스 | 02-987-4760

출판 등록 | 2009년 4월 5일 제 25100-2009-13호